U0145270

為台灣教育加油

李家同觀點

李家同 著

博幼基金會的全域教育——代序

李家同

我國的教育大體上是相當好的，如果沒有好的教育，我們的人民不可能有如此好的生活水準，因爲我們沒有任何的自然資源。但是，我們也要承認一件事實，那就是我們有相當大的教育差距，雖然我們有不少學業程度非常高的學生，但也有不少學生的程度非常之差。

有一次南部發生水災，很多南部的小學都無法上課，政府將那些南部的學生接到了台北來上課，結果台北的那些小學校長發現，這些來自南部的學生完全沒有辦法跟上進度，也就是說，他們上課的時候如同鴨子聽雷，有聽沒有懂，最後的辦法是將他們和台北的學生分開教。從這個例子就可以看出我們的教育差距是相當大的，也是很不幸的。

有很多國中三年級的學生完全不會做一元一次方程式，也有很多高中生寫不全ＡＢＣ。如果測驗全國的學生，會忽然發現五專四年級的學生數學程度只有小學三年級的程度，英文更加不用談了。五專四年級的學生應該是大學一年級的學生，可以想見情形的嚴重性。

學生程度太差，讀了半天書，其實是毫無競爭力的，最嚴重的是，這些沒有競爭力的孩子多半來自弱勢家庭，他們的父母往往收入不高，現在他們的學業成就低，將來長大成人，又會是低收入者，我們國家要減少低收入戶就會有很大的困難。反過來說，如果我們幫助了弱勢家庭的孩子，他們將來就有可能進入中產階級。

我們國家教育還有另一個嚴重的問題：我們的教育往往忽略了基本的學問。有很多學生學了很久的英文，到了大學，寫出來的英文句子居然非常可怕。以下就是一些大學生寫的英文句子：

1. She are
2. I was go to school yesterday.
3. Are they decide to watch TV?
4. Jill doesn't like drink milk.
5. They don't run now.
6. Mom doesn't cooking now.
7. I want plays baseball.
8. There is nurse?
9. Sue not drinks milk.
10. They are not eat apples.

總結一句，我們的教育有兩個缺點：

(1) 很多弱勢孩子沒有受到好的教育

(2) 很多孩子學會較難的學問，但在科目中卻缺乏最基本的學識。

很多弱勢孩子之所以功課不好，乃是因爲他們如果有功課不懂的地方，回家無人可問，因爲他們的長輩多半是低學業成就者。在學校裡如果沒有聽懂老師的講課，回家又無人可問，就會產生惡性循環。在學校裡越來越聽不懂，但老師們往往無法照顧到這些孩子，他們在學校裡其實是鴨子聽雷，有聽沒有懂。現在國家所實施的國民義務教育並無留級制度，這些孩子就一路順利地從小學畢業，也可以順利地進入國中，國中仍無留級制度，所以這些孩子最後號稱國中畢業，其實根本什麼都沒有學會。

博幼基金會的服務對象是弱勢孩子，服務的方法是課後輔導。我們提倡一種教育，叫做全域教育。所謂全域教育，乃是基於兩個基本觀念：

(1) 所有的孩子，不論聰明或不聰明，都要被教好。

(2) 所謂教好，乃是使孩子有基本的學問。

要做到全域教育，我們必須有一些特殊的辦法：

一、因材施教

因材施教是一個古老的教育原則，我國的教育基本法也明文規定要因材施教，但因材施教也不是一件簡單的事情，我們必須知道孩子眞正的程度。比方說，一位小五的學生事實上數學程度只有小學四年級，我們就一定要教小學四年級的數學。

因此，我們有一種「前測」制度，就是測驗學生的眞正程度，這種制度使我們可以眞正的實行因材施教。

二、知道學生的天資

我們承認學生的天資是不同的，天資不同，使有些同學學習的進度比較慢，不僅如此，天資不同，也使很多同學不可能搞懂非常困難的學問。以數學爲例，很多學生可以學會做基本的題目，但就是無法做很難的數學題目。對於這些同學，我們絕不會勉強他們學做難題。

也有些同學對英文文法有很大的困難，比方說，他們往往搞不清楚被動語氣是怎麼做的，更搞不清楚何時要用現在完成式，但是這些同學可以讀英文，只是寫英文句子的時候會犯錯，對於這些同學，我們就只教他們讀英文，暫時不要求他們搞懂複雜的英文文法。有趣的是：因爲他們英文句子讀多了，他們自然而然也就會那些複雜的句子了。

三、教材分級，由易而難

坊間的教科書多半很薄，對於任何科目，往往只有三言兩語，輕鬆帶過，例題很少，習題卻往往很難。家境好的孩子可以去買參考書，或者經由補習班、家教來彌補，對於不夠聰明的孩子，他們是無法從這種教科書中學到很多學問的。

博幼的教材採取了慢慢來的教法，以一元一次方程式爲例，我們將一元一次方程式分成十級，第一級的例題是：

$$X + 1 = 3$$

這一級的題目中，x的係數一定是1，而且x一定在左邊，因此學生只要做一個簡易的移項就得到答案了。

第二級的例題是：

$$4X = 8$$

這一級，x的係數是一個正整數，但是沒有加減，學生只要做除法，就可以得到答案。

第三級的例題是：

$$-X+3=7$$

學生可以學會如何應用 -x 的題目。

最後一級的例題是：

$$\frac{ax+b}{cx+d}=\frac{e}{f}$$

用這種方法教小孩子，任何孩子都至少可以學會最基本的一元一次方程式。全域教育要求所有的孩子都要學會最基本的學問，用這種循序漸進的方法教小孩子，當然可以做到這個要求的。

四、因材施考，考試分級

如果要實行因材施教，就絕對不能將所有的同學放在一起，用同一個考題考他們。這樣做，一定會使弱勢孩子受到打擊，所以我們的方法是將考試分成很多級，第一級是最容易的，第二級難一點，第三級就更加難。以數學來講，第一級往往是預備性的題目，舉例來說，如果一個孩子要考一元一次方程式，那他一定要會分數加減乘除以及正負數運算，當然還要懂得未知數的意義，所以我們先考這一級。第二級也是相當簡單的，屬於最基本的題目，第三級就有些難題。我們當然要求所有的孩子都至少要考過第二級，因爲這是最基本的。我們的經驗是，大多數的孩子也是可以考過第三級的。如果沒有考過，至少他已經考過了第二級，也就是說，他已經懂得了最基本的學問。

這種分級的考試，對於很多學生是一種鼓勵，可惜我們國家幾乎沒有一個學校是用這種制度的，所有的同學考同樣的題目。很多學校永遠有百分之三十的同學在數學方面只考到三十分。這些同學其實是完全放棄數學的孩子。

五、層層把關的品質管制

在一家工廠裡，要製造一個產品，不能到最後才做品質管制，必須在每一個製造程序中都要執行品質管制，如果發現有問題，就要採取行動。可是我們的教育卻非如此，學生在一年級沒有學好數學，就升到二年級，學二年級的數學。可想而知的是，他絕對學不會任何東西。所以我們要達成全域教育，就必須要有層層把關的品質管制，也就是說，我們注意每一個學生是否有進步。

六、教材強調基本觀念

以英文爲例，我們的英文往往教得非常之難，但是很多大學生寫英文句子時，仍然犯很多嚴重的文法錯誤，這種情形完全是因爲我們的教育完全不重視基本觀念的緣故。比方說，英文句子裡，兩個動詞是不能連在一起用的，在很多助動詞的後面，動詞必須用原形動詞，這些都是英文文法的基本規則，我們的教育卻往往忽略了這些基本的規則，以至於學生會犯很多文法上的錯誤，而且這些錯誤往往都是不可原諒的。

博幼的教育非常強調基本觀念，以英文文法來說，我們有一個英文基本句型的練習網站，我們從英文的Be動詞開始練習，其實對中國孩子來說，Be動詞就很麻煩，I要用am，you要用are等等。Be動詞以後，我們要孩子練習現在式，很多人認為現在式有什麼要教的，其實很多孩子會說I am love you. Are you love me?等等錯誤的句子。

這種強調基本觀念的做法並未受到教育界的重視，但是博幼的孩子的確在基本觀念上是比較健全的。

七、注重獎勵

我們的教育界並非不重視獎勵，如果我們去參加任何一所小學生的畢業典禮，一定會發現很多孩子上台領獎，但是永遠都是同一批孩子，他們都是班上的前幾名，獎品全被他們包辦了。

可是博幼基金會的做法完全不同，我們的孩子一旦學會了

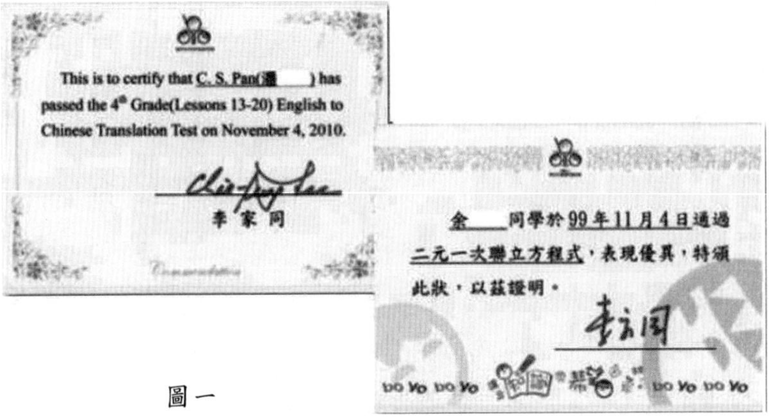
This is to certify that C. S. Pan(潘　　) has passed the 4th Grade(Lessons 13-20) English to Chinese Translation Test on November 4, 2010.
李家同
余　　同學於99年11月4日通過二元一次聯立方程式，表現優異，特頒此狀，以茲證明。

圖一

一些學問，我們就給他一紙證明，比方說，如果他學會了一元一次方程式，我們就給他一張證明，圖一就是博幼基金會的兩張證明。

八、利用題題分析量表來改進教學

我們知道我們的教學方法一定不可能是十全十美的，而且我們的學生是弱勢孩子，我們必須隨時改進教學方法，也就是說，我們要知道同學們究竟在學習過程中有什麼我們該特別注意的地方。

我們如何知道孩子們的需要？辦法很簡單，我們在每一次全會性的考試以後，都鉅細靡遺地記錄了每一位同學的答題情況，然後用一個軟體再做一次整理，記錄了每一題有多少同學答錯。

對於很多同學答錯的題目，我們會仔細地檢討。如果是難題，我們就不管它，但如果是我們認爲容易的題目，而仍有很多同學答錯，我們就會好好地研究其中的原因。

在過去，我們從這種題題計較的過程中，發現同學在學一元一次方程式的時候，事實上根本沒有將分數的運算搞清楚，當然在解一元一次方程式的時候會犯很多的錯誤，從此以後，我們的孩子們一定要先學好分數的運算，否則就不能學一元一次方程式。

我們也從題目的檢討中，發現孩子們在寫英文句子的時候，常常犯一些只有中國人才會犯的文法錯誤，因此我們的教材一再地強調這些錯誤，也一再地叮嚀同學不要犯這種錯誤。

我們的這種做法乃是一種從失敗中求進步的做法，我們不怕失敗，因爲有了失敗，我們可以從失敗中知道自己可以如何改善教學方法。

九、善用電腦

我們深深知道電腦以及網路對於教育的重要性，因此我們一定是最早在教學上使用電腦技術的。舉例來說，我們的英文教科書一定有錄音，孩子可以利用錄音來訓練聽力和發音。

我們建立了十八個網站，全部網站放在後面附錄裡，這些網站都是免費使用的，任何人都可以利用這些網站來做英文和數學的練習。

我們的網站都是根據循序漸進的原則，也就是說，我們的練習題目一開始極爲簡單，然後慢慢地難起來。我本人也一直在利用這個網站來教一些孩子，在過去，總有一些孩子學不會一元一次方程式，但是有了博幼的網站，我教的孩子一下子就學會了最簡單的一元一次方程式的解法，從此，他們發現代數並沒有想像中的難，也就肯進一步學較難的題目。

十、重視人文素養

我們深知弱勢孩子最吃虧的地方就是所接受到的文化刺激比較少，這種情形使得很多弱勢孩子在理解力、思考力等等都非常的薄弱，也往往使他們沒有什麼野心，因爲他們誤以爲自己將來一定只會步父母的後塵。有了這種想法，他們甚至不想唸書，反正未來的工作不需要什麼學問。

我們採取了以下的措施，使孩子多受到文化刺激，也因此提升他們的人文素養：

1. 大量閱讀。我們的孩子每學期至少要看好幾本書，偵探小說、經典名著都可以。很多孩子在小學時就看過了外國有名的小說，當然這些小說是適合孩子們看的。

2. 看經典電影。我們的孩子們都看過「亂世佳人」、「戰爭與和平」、「羅馬假期」這些有名的電影。以「亂世佳人」為例，孩子們進而知道南北戰爭造成的問題。看過了「戰爭與和平」，孩子們會知道拿破崙為何在進攻俄國時大敗而歸。

3. 閱讀國際新聞網站。我們的國際新聞網站已有三百萬點閱人次，每週出刊一次，每次都有七十多篇國際新聞。很多新聞都是國內媒體所不太注意的，我們對非洲、中東和中南美洲的新聞，絕對在全國首屈一指，也使我們的孩子們有非常廣的國際觀。

4. 國際新聞特別事件深入報導。每個月都有一篇國際新聞特別事件的深入報導，比方說，我們曾報導二〇一五年諾貝爾獎、難民問題、法國查理週刊事件、米蘭世博會、氣候變遷問題、二戰終戰七十週年、巴黎恐攻ISIS崛起、多元支付新浪潮等等，這些事件都有深入的解釋，對於孩子們來說，這絕對增加了他們的人文素養。

總結一句，博幼基金會成立的目的就是要使一些弱勢孩子能夠有基本的英文和數學能力。要做到這點並不容易，一般的教育系並不太注意如何教弱勢孩子，大多數教授注意到非常特殊的孩子，如過動兒和智力非常低的孩子，我們的孩子不屬於這類孩子，但是也不能用一般的方法來教他們。我們的教育方法是慢慢地在失敗中摸索出來的。

值得我們高興的是，教育界已經有人逐漸地注意到全域教育，目前已有四所學校和博幼基金會合作，採用我們的教材，也採用我們的教學方式，教育部也支持我們的合作做法，這是非常可喜的事。

這本書整理了很多我對教育的想法，絕大多數都與博幼基金會的教育有關，希望讀者在看了這本書以後，能夠對博幼基金會的教育理念多一份了解，也希望大家能給我們一些好的建議。

附錄 網站

1. 博幼英文文法練習網 http://alg.csie.ncnu.edu.tw/engtest/
2. 英文基本句型練習（線上選題） http://mlab.cs.pu.edu.tw/pu_qb/
3. 李家同教授英文教室http://alg.csie.ncnu.edu.tw/englishexercise/index.php
4. 李家同教英文文法 http://mlab.cs.pu.edu.tw/rctlee/
5. 英文短文學習網站 http://mlab.cs.pu.edu.tw/boyo/
6. 英文經典名著 http://www.boyo.org.tw/boyo/engclassic/
7. 英文聽力練習網 http://ecp.boyo.org.tw/listen/
8. 大學生英文聽力網站 http://listening.cyberhood.net/
9. 1200單字講義 http://www.boyo.org.tw/boyo/1200voca
10. 國小四則運算課本與檢測卷 http://www.boyo.org.tw/boyo/elementary/
11. 國中四則運算課本與檢測卷 http://www.boyo.org.tw/boyo/junior_four
12. 國中代數課本與檢測卷 http://www.boyo.org.tw/boyo/algebra/
13. 國中幾何課本與檢測卷 http://www.boyo.org.tw/boyo/geometry/

14. 數學基本練習題（線上選題）http://mlab.cs.pu.edu.tw/pu_qb/math_index.html
15. 共讀書籍學習單 http://www.boyo.org.tw/boyo/reading
16. 國際新聞週報 http://doc.boyo.org.tw/enews/
17. 國際新聞特別事件深入報導 http://www.boyo.org.tw/boyo/inse/
18. 社論文章 http://www.boyo.org.tw/boyo/editorial/

目次

1. 不因材施教　難怪孩子挫折

這幾年來，我發現有很多的國中生，對於一元一次方程式都感到很難，二元一次方程式就更加難了，於是我想起，我從前在成功中學唸初中時，我們那一班並不是由資優學生所組成的，可是記憶所及，好像幾乎沒有同學不會一元一次方程式和二元一次方程式的。

有好一陣子，我感到很困惑，爲什麼當年我的同學中沒有這種問題，後來我忽然想通了，當年要進入成功中學唸初中，是要經過考試的，所以全班同學都有一定的程度，而且大概說來也都夠聰明。可是，現在進入國中不需要考試，因此有很多的同學程度其實是不夠的，他們可能搞不清楚學一元一次方程式所需要的基本數學，比方說，負負得正，以及分數的加減乘除。

對於這批同學而言，一元一次方程式是很困難的，不僅如此，我們必須承認孩子的智力是有差距的，有的孩子對於數學的接受度就是很低。我們的教育制度完全忽略了這個情形，孩子不夠聰明或程度不夠，也要學當年我所學的數學，難怪很多小孩對國中數學感到頭痛。

六十年前的教材並不太難，所謂不難是指對那些程度不錯又還夠聰明的孩子而言；六十年後，我們收的學生不能限於程度高而又夠聰明的孩子，什麼樣的孩子都要收，這是好意，但是我們沒有替他們設想，教材他們能不能接受。

六十年前，我所學的數學，比現在的數學還要容易一點，比方說，現在國二要學圖形，我是在高中才學這個玩意兒，當時我們的老師教很多難題，卻不太會考難題，現在很多老師教得很少，也教得很容易，考試時卻有相當難的題目。我再說一句，難怪孩子學不好。

事已至此，我們也不能走回頭路，將不夠聰明以及程度不好的學生摒除在外，因此我建議要做兩件事：

一、我們應該因材施教，吸收力比較慢的孩子也是可以教的，但必須教得慢一點，也不能要求他們會做難的題目，只要到了一個最低標準，就給他們鼓勵。現在的做法是給他們無情的打擊。

二、我們應該注意小學生的程度，如果小學生在國文、英文和數學上都有不錯的程度，到了國中就不會有太多學習困難。最近，我碰到一位高中老師，他告訴我，他有一個學生，英文完全不會，他就請他寫下英文二十六個字母，這位學生寫了以後，發現只寫了二十二個，其中當然有四個不見了。我們應該同情這個學生，因爲他在小學時就應該學會二十六個英文字母的，而且他也一定學得會，問題在於當時沒有人教他。

我們應正視殘酷的現實，學生有程度不夠的，也有不夠聰明的，六十年前沒有這種現象，現在有了，如果仍然用過去的做法，教育M型的現象會繼續下去。

【本文出自2011/5/17聯合報】

2. 十二年國教　別只在升學上空轉

最近政府不斷提出十二年國教方案，但因社會對於國中生如何升學並無共識，不論政府怎麼做，都會有人強烈反對。為了使反對聲音減少，政府有時採取折衷方法，結果是雙方都反對，變成一件極不討好的事情。我認為必須對兩件事情要有堅定的立場。一是明星學校有無存在的必要。二是完全性的免試升學，有沒有極可怕的後遺症。

很多人認為明星學校絕不能存在。理由是只要明星學校存在一天，就會感受到升學壓力。但是打倒了明星學校後，會有很多私立高中仍以考試招生。設想建中消失後，會出現一些貴族型私立高中，變成有錢人才能進去，難道這是我們該有的教育制度嗎？

任何國家都需要有一批菁英分子，科學界、工業界，以及人文界都需要這種人。所以明星學校絕對有存在價值。如果明星高中完全消失了，大學的程度一定會大幅下降。

至於免試升學，很多地區的高中職一年級缺額，遠遠超過當地國中畢業生數目，很多學生在基測中幾乎沒有得到任何分數，也照樣升學了。我們只看到台北市很多學生過分用功，而沒有注意到很多弱勢孩子完全不唸書。基本學力測驗對於些孩子來說多少都是一種壓力，也許這種壓力對他們而言不是太大，但畢竟是壓力，也是使他們唸書的一個原因。一旦完全免試，他們會認為用功唸書和不用功唸書差異不大，相當多的孩子就不唸書了。

政府想在國中舉行會考，對於程度不好的學生，將不給他們升學的機會。對於這一點，我不贊成。孩子到國三，才發現程度不高，爲時已晚，再怎麼用功，恐怕也無法升學，對他們來講，是一大打擊，也造成極大的社會問題。

我認爲不該在如何升學上打轉，而應該全力提高後段班學生的學業程度。要提高後段班學生程度，必須在國小就注意到全體學生的程度，絕不能放棄任何一位。對於程度差的學生，國家一定要有某種機制，使他不會對上學感到痛苦，我們應該全力幫助這些功課不好的孩子，這才是目前最應該做的事。

考試乃是大多數人無法逃避的事情，總不能靠抽籤升大學吧！想作護士、想作律師或法官也都要考試。問題在於我們整個社會過分地吹捧考取建中、一女中的高材生。

我們有很多同學基測也考到三百二十分，相當不容易。遺憾的是，社會沒有對一般同學給予任何的掌聲。要減少升學的壓力，必須大聲地對相當多的孩子說你們考得不錯的。我們不要吝於鼓勵，如果告訴絕大多數的人，你們已經不錯了，升學壓力絕對會減少的。

總結一句，我認爲不該在升學制度上空轉，而應該好好地注意如何幫助那些功課不好的小孩，也應該給予絕大多數考得還不錯的同學掌聲。至於明星學校，應該讓他們存在，國家要靠他們的。

【本文出自2011/6/29聯合報】

3. 十二年國教　一廂情願的理想

今天有兩則新聞，都是有關國人權益的。一則是在民國一〇二年，高速公路將取消人工收費，另一則是在民國一〇三年，十二年國教一定要實施。對於前者，交通部說要立法，在修法前必須取得社會共識。

取消人工收費，並非相當可怕的事，但是交通部仍說要得到社會共識，並且要等修法成功才能實施，但是十二年國教，就完全不同了。

這件事，攸關下一代莘莘學子的權益與教育品質，是人人都該感到緊張的事，教育部卻能逕自下達命令，奇不奇怪？

十二年國教，如採大學區制，有孩子恐怕會被派到非常偏遠的學校，比方說，台中市區的學生可能會分發到埔里去，這樣，家長可以接受嗎？

十二年國教，看來很多學生會由抽籤決定上哪一所學校，我只能說，這是一件大工程，也是不可能令人滿意的，抽籤不能同時進行，可想而知的是：大批孩子要一個一個地來抽，但抽籤次序呢？誰有權決定抽籤次序呢？我們又要有一個抽籤來決定抽籤次序了。

學生家長的反彈，絕對會造成社會的不安，但更重要的是：十二年國教對於教育的品質，有利還是有害？

這才是教育當局最該注意的事，如果我知道將來升學要由抽籤決定，我會用功嗎？教育部一定要回答我這個問題。

對於有希望能進入明星學校的學生，他們的升學壓力減少了嗎？明星學校的數目有限，很多功課好的同學，發現想進的學校少了，他們只有更加拚命。

十二年國教能減少補習班嗎？在此提出一個警告，過去政府所有的教育改革，都未能減少補習班，反而使補習班的生意越來越好。

北北基事件應該給政府一個警惕，一個技術上的失誤，造成如此大的民怨。在我看來，十二年國教的影響，遠遠大於北北基的改革，政府不僅要注意人民的權利，更應該注意到這件措施，會不會大幅度地降低學生的程度，這是大事，不能一廂情願地在「理想」的大旗下貿然實行。

既然取消人工收費，都要取得社會共識，經過修法才能實施；為何十二年國教，可以一宣布就實施？學生的教育決定他未來的命運，也決定國家的命運，政府必須小心從事，一旦失誤，對國家的損失，恐怕是難以想像的。

立委們，為何你們不注意這件事呢？

【本文出自2011/8/5聯合報】

4. 別再遇缺不補　偏鄉需好老師

我國的流浪教師人數，創歷史新高。因爲少子化的原故，學校都採取遇缺不補的做法，看來，情形只有越來越惡化。

首先要注意的是偏遠地區英文教師不夠的問題，很多這類學校的學生人數，的確在減少之中，因此不再聘請新的老師，但是這些學校也沒有足夠的英文老師。如果想縮小城鄉差距，就必須使偏鄉學校比城市學校有比較多的英文老師。

另一問題是，弱勢家庭的孩子們回家不做功課，因爲他們父母工作得很辛苦，無暇督促孩子。也有些家長因自己的程度不好，幫不上忙。最簡單有效的方法，是將孩子在放學後留下來，在老師的督促之下做完作業才可以回家。因此要增加老師，因爲督促孩子做作業也算工作的一部分，總不能叫老師平白地多做額外工作吧！

還有一點，我們需要因材施教的做法。不論小學或國中，總有孩子是不很聰明的，很多人可以學會解很難的數學題目，他們做不到，但是一般性簡單的題目，他們又會做。所以我們不應對他們過份要求，但不妨教他們學會解簡單的數學題目。以英文來說，他們也許會閱讀英文句子，但是如果要寫正確的英文句子，就牽涉到文法問題，英文文法對很多孩子來說是很困難的。對於這種學生，我們也許可以只要求他們看得懂英文，而不必要求他們寫出文法無誤的句子。

因爲老師人數不夠，要照顧到這些孩子是幾乎不可能的事，一個班上有幾十個孩子，用的是同樣的教科書，考試時用同樣的考卷，試問我們不是在放棄比較不聰明的孩子嗎？所以我建議多聘老師，使弱勢的孩子也可以受到較好的教育。

更重要的是，我們也要照顧那些資優的孩子，他們所受的教育，應該是和別的學生有所差別，這當然要有更多的老師才行。

希望政府要利用這些教育人力，改善國家的教育，在教育上的投資，永遠是值得的。

【本文出自2011/9/3聯合報】

5. 老師，別低估任何一個孩子

昨天很多學生祝賀我教師節快樂。屈指算來，我已經教了三十六年書，我只有說，我越來越快樂，並不是因為我有很多非常聰明的博士班學生，而是因爲我仍然可以將不很聰明的孩子教得很不錯。

有一個小孩，大家都認爲他的學習一直都會有困難，尤其是數學，很多人嘗試幫助他都沒有成功，最後輪到我了，我可以很驕傲地宣布，他已經會做一元一次方程式了。其實我有此成就，只根據了孔子的一句話，那就是「因材施教」，也根據了我這麼多年來的一個教育理念：教育一定要從基本做起。

要學會一元一次方程式，一定要先學會正負號的運用以及分數的加減乘除，所以我就先教正負數。我注意到在國中，正負數大概一、兩個星期就教完了，其實正負數並不是一般孩子很容易接受的數學，因此我教得很慢，一再地重複練習。等到正負數學得差不多以後，我又花很多的時間，先教會通分，然後再教會分數加減和乘除。在教的過程中，我發現有帶分數的學問，比方說，1又1/2，在運算的時候寫成1+1/2，這樣做當然比較簡單，我也就如此地教，有一次，我傳眞了一些有帶分數的習題給這個孩子，沒想到，他將1又1/2寫成3/2，1又2/5寫成7/5，這令我大吃一驚，因爲我一直被灌輸一個觀念，這個孩子是不聰明的，但從此以後我就放心了，因爲我知道只要他的老師肯耐心地教，他在數學上的領悟力是沒有問題的。他現在已經開始做簡單的一元一次方程式，我將一元一次方程式分成十個等級，我打算只教到第五級就停住，而開始學二元一次方程式，我有絕對的信心，這個孩子一定可以學會二元一次方程式。

我也要開始教他平面幾何，我相信他一定可以學會，也會解簡單的題目，那些要畫輔助線的題目，我就不想教了，並不是每一個人一定要學會做難題的。

博幼基金會有一個特教班的孩子，我們一樣很有耐心的教他，這個暑假後，他去上學，特教班的老師驚爲天人，因爲他從來沒有教過程度這麼好的學生。

希望全國的老師們都不要放棄任何一個孩子，我們常常低估了他們的潛力，而放棄了他們。說實話，「得天下英才而教之，不亦樂乎」，這種想法使得我們很多老師只想教功課好的孩子，這是相當可惜的。我總認爲我們應該反過來，也將一部分注意力放到那些弱勢的孩子們身上，使他們的競爭力得以提高，也使他們對自己更有信心，這是我們老師的神聖任務。

我的經驗是，任何孩子都可以教得不錯的，除了有耐心外，最重要的還是要從基本做起，而且必須循序漸進，不要以爲所有的學生都可以舉一而反三的。

【本文出自2011/9/29聯合報】

6. 幫助弱勢孩子 送進大學就好？

最近，很多人表現出對弱勢孩子教育的關心，這是非常好的現象，但是大家都著眼在升學方式，我認爲僅僅注意改變升學方式，不可能幫助弱勢孩子的。所謂弱勢孩子，大概都指那些家境不好的孩子，但大家忽略了一個可怕的事實，家境不好的孩子也往往學業程度落後。如果政府有魄力，就不妨公布各鄉鎮基本學測的平均成績，我們可以想像得到一些農業縣的山區鄉鎮和台北大安區這種成績上的巨大差距。如果政府願意的話，也不妨探討一下全國低收入戶下一代的學業成就，誰都知道，他們是遠遠落後於富有家庭孩子的。

所以，弱勢孩子的問題不是在於他們能不能經由某種升學方式進入好的大學，即使我們勉強將他們送入了台大電機系，因爲他們學業程度不夠好，無法和其他程度高的同學相比，輕則使他們失去了自信心，重則根本唸不下去而被退學。我們好意地幫助了他們，結果可能是害了他們。

美國很多大學都對黑人中學生有所優待，保留了名額給他們，這種做法只能幫助那些程度還不錯的黑人孩子，根本無法幫助那些學業程度相當落後的孩子。最近，美國的研究發現，不同種族之間的教育差距在縮小之中，但是貧富之間的教育差距卻在擴大之中。

我們教育界一直陷入一個迷思，總認爲教育上的問題都只與升學方式有關，只要升學方式改善了，所有的問題都解決掉了，這是極大的錯誤。說實話，這種想法使我們的教育界可以不面對現實。畢竟，改變升學方式比較容易，也會受到社會的重視，也使國人感到政府是關心弱勢孩子的。如果我們想改善弱勢孩子的學業程度，短期之內很難有成效，所以大家就一直在談升學方式的改善。

要提高弱勢孩子的學業程度，當然不是易事，但也不是絕對做不到的。最重要的事是我們沒有對他們為何程度落後做一徹底的分析，只花錢去做一些成效不可能好的事情。假設有一位孩子的數學老是考不好，當時他正在學二元一次方程式，於是我們派一位老師去幫他的忙，這位老師在他放學以後，在他旁邊看他做作業，不會的，老師會教他做。看來，這已是很好的了，但是事實上，這是完全不夠的，這僅僅是「伴讀」而已。正確的做法是查出這位孩子的數學程度究竟到了哪裡。也許這個孩子連分數運算都不會，不要說二元一次方程式了，恐怕他連一元一次方程式都沒有學會的。正確的教法是要從分數運算教起，將這個孩子的基本算術弄好，否則他不可能在學業上有很好成就的。

我們可以繼續地逃避現實，不管孩子的基本能力，永遠在升學辦法上打轉，我們也可以好好地注意如何眞正地幫助弱勢孩子，所謂幫助，不是將他們送入大學，而是提高他們的學業成就。教育界也要瞭解，提高弱勢孩子的學業成就，不能靠伴讀的。

【本文出自2012/2/25聯合報】

7. 別管百大　補助要細水長流

我們國家實施五年五百億的大計畫已經進入了第二個階段。當初，學者們強調五年五百億的目的，就是要將受到國家如此厚愛的大學能夠在世界排名上往上爬。可是，英國泰晤士報的排名上，台灣各個大學在整體排名上反而大幅滑落。舉例來說，有一所大學由去年的一〇七名降到二〇一至二二五名之間，另一所大學則由一一五名降爲一五四名。

這種排名有意義嗎？任何一所大學的排名不可能大幅振盪，即使一所大學的教授全體都海灘游泳一年之久，恐怕它的排名也未必能夠一下子降了一百名。有降就必有升，可以想像得到這種排名一定有某些大學在一年之內有大幅度的上升，這怎麼可能？難道這所大學在一年之內，忽然之間在學術上有大量的驚人研究結果嗎？

可以想像，這種排名對於政府而言乃是有苦說不出。試想政府花了這麼多錢投資在大學上，原來的目標是要在排名上上升，經過多年資助以後，排名反而下降。對於那些沒有拿到資助的人，他們一定會說五年五百億是浪費掉了。

我認爲我們根本不該注意排名，而應該注意國內所有大學的運作。我們應該有自己的要求，對於有研究潛力的大學，應該好好的幫助他們，使之能夠更上一層樓。但是，我們總不能夠忘記大學的重要任務乃是在教學，如果有非常實際而有好效果的教學方法，不論外國大學是否注意到這一點，總可以以此爲傲。

舉例來說，對於那些收到極聰明的學生的學校，應該加強他們在基本科目上的培養。如果是理工科的學生，不妨加強物理、化學和數學上的教育。使他們將來不僅僅是普通稱職的科學家和工程師，也是極有創意的高級科技人員。對於其他的同學，應該大力的加強國際觀和人文素養，使整個國家的競爭力大幅提高。大學的科學教育相當不重視實驗，這是非常不好的事。如果每一門課都配上一些實驗，學生對於科學的了解會更加徹底。

我們總希望大學生的知識絕對不是來自課本。尤其是工學院的學生，他們所受的教育一定要和現在工業界有比較密切的關係。我們也應該鼓勵學生能夠動手做。

對於所有大學的資助，絕對不能採取忽冷忽熱的做法。現在給一所大學很多經費，因此這所大學可以提高教授們的薪水，也可以聘請世界有名的教授。問題是這種大幅增加的經費有可能忽然停掉，這所大學只好對教授們減薪，也不能再聘請那些國際有名的教授。所以我認爲補助績優大學是正確的做法，但是必須細水長流，不能用目前五年五百億的做法。忽然間增加很多經費，總是很難將經費用到刀口上。

我們該有按照自己國情而設計出的大學教育制度。當然應該要與國際學術界接軌，但絕對不能再注意這種忽上忽下的評鑑排名，這只是自討苦吃。對大學的補助應該繼續，可是絕對要細水長流。

【本文出自2012/3/29聯合報】

8. 會考加英聽　又從台北看天下

會考要考英聽引起了很大的爭議，現在大多數人都認爲弱勢孩子的英文已經遠遠落後於家境好的孩子。如果再要考英聽，就是雪上加霜，使他們更加吃虧，因爲偏遠地區的學校缺少英聽設備。

很多人說英聽要好，根本不需要什麼英聽設備，只要有電腦就可以利用網站將英聽學好。這個說法只對了一半，因爲這個說法的基本假設是家家戶戶都有電腦，也都有上網的能力。可是我要說一句大家不願意聽的話，整個國家之中，不知道有多少弱勢的孩子家裡是沒有電腦的，也連不上網路。

最近我們博幼基金會有些孩子去參加聽力比賽，結果還可以，但因對電腦的操作不夠熟練，吃了大虧。我們二千五百位學生當中，百分之五十以上家中是沒有電腦的。這也不是偏遠地區才有的情形，都會地區照樣會有。在台中，警察曾發現一個小孩晚上流連於網咖中，結果這個孩子並非玩遊戲而是要做家庭作業，老師給的作業要求學生上網，這個可憐的孩子不敢告訴老師，他家沒有電腦，只好到網咖去上網。雖然事後有人送他一部電腦，他們家仍然沒有能力支付網路費用。

我們要知道我們國家是有窮人的，我眞希望所有官員在他們辦公室裡的牆壁上掛著這一句話，以免政府決策一再重蹈覆轍，重蹈台北看天下的決策。

英文聽力好最重要的關鍵，絕對不是在於能不能上網去聽生字，而是先要認識生字，也就是說，小孩子必須認識很多的英文字，而且也能拼出這些字來。問題在於很多偏遠地區的小學英文老師不夠，每周英文課的節數相當少，這些孩子的家長都不會英文，當地當然也沒有補習班，即使有，他們也去不起，更無力請家教。這些孩子如何能夠和家境好的孩子相比？

希望政府知道提高學生的英文能力是重要的，可是也希望政府官員知道最嚴重的問題，乃是弱勢孩子和強勢孩子所受的英文教育差距相當大。很多家境好的孩子在幼稚園就學了英文，在小學期間也一直接受所謂的雙語教育，很多國中學生能夠看英文小說，但同時很多國中學生連最基本的英文字都不會寫，當務之急乃是幫助這些孩子，而不是使得差距更加擴大。

會考目的如果是測驗學生有沒有基本能力，隨便考什麼我都沒有意見，可是現在會考是入學的參考資料，而且加考英聽是爲了增加鑑別度，這種作法很顯然對家境好的小孩極爲有利，我相信絕對不是教育部長的初衷。

我們國家這麼多年來常常提出一些教改的意見，我敢說沒有一個意見的初衷是要幫助強勢孩子的，可是因爲決策者從台北看天下，結果永遠是強勢孩子得利，甄試入學就是最好的例子。當初是希望弱勢孩子更有機會入學，結果完全相反，弱勢孩子根本付不起甄試所需要的費用，也沒有辦法在甄試表現出自己的優點。

請教育部慎思之。

【本文出自2012/4/26聯合報】

9. 十二年國教／混材施教 弱勢孩子被犧牲

十二年國教的重要特點，是要將程度不好和程度好的學生一起受教育，但這種混材施教的辦法，對弱勢孩子不利。

我們必須承認，有些學生對於新學問的吸收很容易，有些就比較慢，但假以時日，其實也是可以學到某一個程度的。如果採取孔子所說的因材施教，問題就解決了一大半。對於不夠聰明的孩子，可以教得比較慢。對他們的要求不要太高，只要他們一有進度就給他們鼓勵，通常這些學生也就有不錯的成就了。

因材施教還有一個重要的觀點，即雖然是同一個年齡的學生，學業程度可能有很大的差異。比方說：國中一年級學生中，有些人對於分數加減乘除就是很弱，如果教他一元一次方程式，就會錯誤百出，非常沮喪。所以，好老師一定會先將分數加減乘除教得非常好，勤加練習後，再教一元一次方程式，就水到渠成，學來毫不費功夫。

現在國中是免試升學，政府又嚴令禁止能力分班。結果是班上必定會有M型現象。舉個例子，有一所國中，不在城市裡，也不是最偏遠的，應該是全國非常典型的國中。三十一位同學中，十位數學八十分以上，十一位在三十分以下，其餘的就在八十分和三十分中間。再有一所國中，偏遠一點，二十七位同學中，七位數學及格，廿位不及格。有愛心的老師，都會爲這種現象感到難過。我們做老師的人並不是要將聰明的孩子教好就算了，當然希望能夠把所有的孩子都教到某一個程度。可是在現有制度下，老師用同樣的教材，要求同樣的進度，最後犧牲的一定是那些弱勢的孩子。

很多人會說老師的態度要改，老師的教法要改。我實在不了解如何改法。如果一個班上有十幾位同學程度非常落後，老師如果全副精力幫助他們，一定使那些功課好的孩子覺得上課無聊，那些孩子的家長又會抗議。混材施教結果一定是老師被迫放棄弱勢學生。

十二年國教要將混材施教延伸到高中去，這實在是奇怪的想法。高中課程有些相當不容易，如班上學生程度差異很大，程度差的學生上課時一定是鴨子聽雷，不知道老師在講什麼。這樣對他們好嗎？現在國中生已有很多放棄了英文、數學和自然，這也使這些同學在往後的學業中吃很大的虧。如果因材施教，雖然不能保證這些現在落後的同學都可以學業成就非常好，但總可以拉他們一把，使他們不至於太落後。

我有一個很好的經驗給各位參考，我發現有些學生就是不會背英文單字，也搞不清楚文法。比方說：否定語氣或者是問句，他就永遠寫不對，生字也拼不出來。可是我發現他看見英文字，大多數會唸，也知道它的中文翻譯。對於簡單的英文句子，他們也看得懂。因此，我的教法就是不管文法了。絕對不問他們會不會寫現在完成式的句子，更不用說問句的被動語氣，而只教他們簡單的課文。結果是這些孩子學了不少的英文生字，而且也會看簡單的英文短文。這樣不也很好嗎？這就是我的因材施教。希望政府知道孩子的天資是不同的，混而教之，非良策也。

【本文出自2012/5/17聯合報】

10. 教我如何不死背？

教育界常指責說我們的學生不會發問，沒有好奇心，也不會思考，只會死背。很多學者也將矛頭對上了老師，認爲教法有問題。可是我認爲該檢討的是我們的教科書。

一個小學生畢業，上國中一年級的第一學期就要學DNA，中文叫做去氧核醣核酸。我因此去看了教科書，裡面有關DNA的解釋，只有三句話：染色體內的遺傳物質稱爲去氧核醣核酸，又稱DNA。基因爲染色體上特定的片斷。染色體上有不同的基因，分別控制不同的性狀。我曾經問過很多孩子懂不懂DNA？他們的回答只有一句，就是去氧核醣核酸。再問爲什麼DNA有遺傳功能？我沒有碰到一個孩子能回答。我問他們當年爲什麼不問老師？他們對我的問題感到吃驚。所有同學都說問了也是白問，老師再怎麼解釋也聽不懂。是老師的錯嗎？不是。要懂得DNA必須要先懂化學，以及編碼。小孩子才從小學畢業，不可能懂得DNA但是書本上有，全國的孩子百分之百就採取應對的方法：把它死背下來。

到了高中，情況更嚴重。高一不分理組、文組，都要學量子力學和馬克斯威方程式，以及宇宙的起源。我絕不相信一個高中生能夠了解量子力學。我也去查了高中的教科書，發現量子論的介紹只有一頁半。我以爲要懂得量子力學，必須要懂微分方程。高一的學生連微積分都不會，如何能夠搞懂量子力學。

高一的學生也要學電磁波，於是教科書中就有一個電磁波的描述，內容有電場和磁場，我也問過學生何謂磁場？何謂電場？沒有一個能夠回答。這又能怪老師嗎？電場的觀念是相當奇怪而抽象的觀念，通常大學的物理會將它解釋得非常清楚。可是談到電磁波的前進方向，就必須要懂得馬克斯威方程式，牽涉到偏微分。

高一學生如何能懂，唯一辦法就是死背。

最奇怪的是，高中教科書上提到霹靂說。又說在大霹靂的10的負35次方到10的負32次方秒之間，宇宙膨脹10的50次方倍。四種作用力開始分離。四秒鐘後，開始產生質子、中子與電子。四秒到三分鐘內，開始產生原子核。高一學生根本不懂，只好把它背下來。坦白講，對於衆多高一學生而言，物理是一個鬧劇，一個非常滑稽可以當做笑話談的東西。

有些學生還將宇宙的起源編成了劇本，質子、中子在幾秒鐘內一定要跑出來。如果你沒有辦法使學生了解，學生只好以輕鬆而胡鬧的心情來唸物理。

我知道很多高中生厭惡物理、化學以及數學。尤其是想學人文科學的人，被這些艱難的學問搞得頭昏眼花。很多學生連背都不會背。最嚴重的是有些認眞的學生，設法要搞清楚，但這是不可能的事。他們會感到沮喪，認爲自己老是學不好。

他們不了解政府對他們的期望，並不是要徹底了解這些學問，而是要他們把這些名詞背起來。難怪我們的學生只會死背，不會問問題、不會思考，當然很難成爲偉大的科學家。

我們的高中生中，不知道有多少在痛苦呻吟之中。希望有權決定教科書內容的官員們，了解現況，否則孩子永遠只會死背書的。

【本文出自2012/8/6聯合報】

11. 多元人才與免試升學何關？

最近，政府官員一再強調國家需要多元人才，這點我完全同意，他們又說多元人才不可能由考試產生，這一點我又完全同意，可是我不懂的是，為什麼去除考試變成免試升學，國家就會有多元人才了？

比方說，哲學家不夠多，免試升學以後，我們就會有像孔子這一種人嗎？我們其實也希望有能夠在奧運會得到金牌的運動選手，免試升學後，選手們就都會得金牌嗎？我們也希望國家有非常能幹的化學工程師，會製造出有特別性能的特用化學品，免試升學後，我們就會有這種人才嗎？其實我們也缺乏非常傑出的電子線路專家，免試升學後，我們就會有厲害的電子線路設計工程師嗎？

所以我認爲政府說的也沒有錯，用考試升學並不會產生我們所需要的人才，可是免試升學可能使我們國家的人才變少。我常常說免試升學最大的問題，在於學生普遍程度一定會下降，可是我們又面臨經濟轉型問題，我們的產品已經不能是世界上很多工廠都會做的產品，也就是說，我們需要非常傑出的工程師，他們能使我們的產品變得非常特殊，這是需要學問的。比方說化學工程師，化學程度一定要非常之好，再加上職場上的經驗；免試升學以後，我們應該擔心的是很多大學生的基本程度比現在還低落，到時候即使要他們努力做研發工作，可能也做不出所以然。

我始終認爲教育部官員很多觀察都正確，可是拿出的辦法卻與這些問題無關，這是非常奇怪的事。我們應該知道人才的培育也不完全是教育部的事，如果我們非常有野心要發展某一種技術，相信假以時日，相當多的傑出工程師都會因爲參與這一個發展計畫而產生了。當年我們發展空軍戰鬥機，因此培養相當多的人才，忽然之間，政府說停就停，這些人才大量流失，如果政府繼續改良當時所發展出來的戰鬥機，現在我們國家一定有相當多的戰鬥機設計工程師。

多元人才的培育與學校的教育當然有關，國家需要技術人員，我們也應該坦白承認技職體系的確沒有培養出理想中的技職人才，可是這到底是誰的錯？總不能把這種現象歸罪於老師、家長和學生的心態吧！當年慢慢地消滅專科學校，使得幾乎所有的專科學校都變成技術學院，技術學院又都變成科技大學，教育部要負責任的。

我建議政府應該冷靜地設法改善國家教育，而所謂改善絕不是在升學辦法上打轉。就以技職體系來說，也許政府可以好好地檢討技職體系教育是否和社會的需要脫節，因爲技術的確在改變，技職體系教育當然也可以改變，可是用免試升學是不可能改善技職體系教育的，也不可能改善任何體系的教育。

最後，希望我不會因爲對十二年國教「不敬」而受罰，我其實眞的付不起罰款！

【本文出自2012/8/23聯合報】

12. 誰有權對小孩做實驗？

如果一個藥廠要推出一個新藥，是不能隨隨便便就推出的，必須經過非常複雜的檢驗制度，包含動物實驗和臨床實驗，臨床實驗也要得到病人同意。可是有一種人對教育有特別新的想法，卻有權立刻下令實施。

上次教改將建構式數學列入教改項目，實施結果使大批學生數學能力大幅下降，這些學生成了這個實驗的嚴重受害者，現在回想起來，大家都感到困惑，爲什麼有人可以將無辜的小孩子作爲實驗對象。

前幾天我看到基北區的特色招生題目，有一個題目中的句子是：「房子的旁邊是房子的旁邊是房子的旁邊是躺著的一條路，路上站著一個手提米黃色油漆桶的女人。」根據這些句子出了好多題目，這些句子引起很多困惑和恐慌，因爲考試題目問爲何作者要寫這樣的句子，後面還有一段提到爲何文章中油漆是米黃色的。我們誰都知道文學家的原始想法是不能拿來作爲考試題目的，因爲作者隨便怎麼寫，不同的讀者可以有完全不同的解釋。這也就是文學的奧妙之處，未來的考試如果是這種樣子，我實在不相信我們可憐的孩子能夠應付。

考試題目中還有一題是數學的，居然強調情境；數學的敘述絕對要精確，不同的人只能有一種解釋，因此絕對不能有情境，這是普通常識。我將那個題目給一些大學教授看，大多數的人根本看不懂這些題目在說什麼，可是有二位教授回答了這個題目，兩位教授的答案完全不同，看他們的解釋就知道，他們對題目原來的意義也有完全不同的解釋，最有趣的是他們的答案又和報紙上公布的標準答案完全不同，而且根據標準答案，他們都得零分。

這些題目使我感到有人正在悄悄地進行一個教育大革命，我的問題是爲何他們有這種權力，政府正在雷厲風行的推行免試升學，也是在推行一個沒有經過檢驗就貿然實施的新教育，值得注意的是，這種新教育會不會製造新問題而且帶來新災難。

我們怕病人被有副作用的新藥所害，所以訂出嚴格的檢驗制度以確保新藥不會造成嚴重問題。教育當局也應該在推出新觀念之前謹愼考慮，因爲教育對小孩子的影響非常深遠，不好的教育制度對於小孩子往往造成不可抹滅的損害。

我們應該確立一個觀念，就是教育可以做小幅度的改進，但絕不能輕易地做大幅度的改革。尤其我們不能看到外國的一些制度就將他們搬到國內來。最近不斷有教育上的改革，大家實在應該停下來靜靜地想一想，這些改革眞正的改進了我們的教育嗎？我們當年希望能夠打倒補習班，補習班數目是增加還是減少？如果我們一直沉迷於改革一定是好的，結果我們看不到改革的好處，但是造成學生、家長和老師的困擾，卻又是顯而易見的。

【本文出自2012/9/4聯合報】

13. 別老罵大學生　他們用功又尊師

我們國家有個流行趨勢，喜歡說現在的學生如何不用功、如何不尊師重道等等，好像從前大學生個個用功得不得了，而且都尊師重道。我已七十四歲，在台灣教書快四十年了，我要代我的學生說一句話，他們絕對沒有過分地偷懶，更沒有不尊師重道。

每年我都有三次不同學生的聚會，兩次在我生日左右，一次在教師節，很多同學沒有錯過任何一次聚會，這已經持續很久了。這些同學都有很好的職業，也不需要我寫介紹信，有幾位甚至已經是大學校長，他們和我聚會不是表示對我的尊敬，而是喜歡和我見面。對我來講，這就是尊師重道。

我現在正在教學生英文，他們都不算是我的學生。有一位是暨大電機系學生，我知道他很懂類比線路，所以常常求他解惑，久而久之就變成好朋友了，於是我逼迫他每周都要做中翻英和英翻中的練習。他雖然已經畢業了，仍然從不間斷，只有一次因爲蜜月旅行到歐洲沒有做，好像還有一次得了感冒沒有做。媒體一再說現在的學生懶散又不用功，我認爲這是不公平的。

我喜歡打網球，有一陣子在網球場看到一位工讀生，後來在另一個場合又碰到他，他來和我搭訕，我又逼迫他做英文練習。很快地他就大有進步。上星期他打電話來求饒，說中翻英還可以，英翻中實在太難，他問我可不可以不要做英翻中，我沒有答應，看來他會乖乖地做我給他的作業，好可憐，他根本不是我的正式學生，但他知道我是老師，基於尊師重道，只好自嘆「遇人不淑」，碰到我這種老師，倒了大楣，可是也充分表示下一代是很用功的。

我在清大教過有關通訊和類比線路設計的課，每次都有一百多位同學選課，有一位教授很不服氣，他說「你敢不敢開一門非常冷門的課，看還有多少學生會來選課？」於是我接受挑戰，開了一門「字串比對演算法」的選修課，可是仍然有九十八位同學選這門非常冷門的課。這可以證明清大的學生並沒有將清大想成一個職業訓練所，多多少少他們也在追求學問，哪怕是對求職沒有多大用處的學問，我們能夠說下一代無可救藥了嗎？

幾年前，我去參加耶誕夜彌撒，因為人多只好站著，旁邊站了一個傻呼呼的年輕人，相談之下發現他是高二學生，我順口考他幾句英文，他一無所知，我就變成了他的義務家教，除了英文，還教他數學。他現在已經是大學生了，可是每周仍然來向我學英文，我也抓了一個研究生教他寫程式，他已一口氣寫了十八個程式，其中還用了一個他自己發明的演算法，我寫字串比對的講義時，也將他的演算法寫進了我的講義。

總之，不要再罵我們的下一代了，我們這些老人又不是聖人，難道我們從前個個都用功得不得了嗎？我承認，我的學生們的確比我更會玩，我的博士班學生有成天比賽打羽毛球者，也有一位每年都要比賽曲棍球，可是他們都是用功的學生，我對他們是極為欣賞的。

【本文出自2012/10/24聯合報】

14. 少年殺手沉淪記　政府有感嗎？

昨天的新聞中，有一位高中生爲了升四海幫派的總隊長，居然犯下了殺人罪。這則新聞使我對政府非常地失望，因爲政府顯然完全忽視了青少年淪落的問題。

從這件事情我們可以看到，黑道在社會上不僅存在，而且囂張到了極點。新聞中還說這個幫派的主要工作是包土木工程，試想，我們國家的工程建設怎麼可能不出事？政府一再宣稱要瓦解黑道，可是從來沒有徹底瓦解過。每次幫派出事，政府就會雷厲風行地採取一些行動，可是一陣風雨後，對黑道而言，就是雨過天晴，他們可以繼續欺壓小老百姓。

政府一再地宣告說要防止黑道進入校園，可是從這則新聞看來，黑道顯然可以堂而皇之地進入校園，恐怕老師連管都不敢管。我們不能怪老師，因爲沒有法務部撐腰，沒有教育部介入，叫老師們獨力對抗黑道，誰有這個能力？

這類事情發生以後，我相信教育部一定會通令全國各校，加強品德教育，也會派人到各個學校去評審，而評審大多數是根據校方的簡報，如果這所學校有人會作作文，就會寫出他們品德教育的四大綱領以及五大行動方案，這種學校一定被評鑑爲優等。而這些行動方案也好，綱領也好，其實都是針對那些不會犯錯的孩子講的，對於即將淪爲社會邊緣人的學生，不論是教育部或是學校，通常都不聞不問。很多學校請我演講有關於品德教育的問題，我永遠提醒大家不要只注意品德好的學生，而應該注意那些可能有極大問題的學生，從聽衆的表情，我不難看出大家對我的想法沒有興趣，因爲我的想法沒有四大綱領以及五大行動方案。

我一再地提醒老師們，一定要將弱勢孩子的功課搞好，因爲小孩如果在課堂上聽不懂老師在說什麼，就會對自己失去信心，也就極容易被幫派所吸引。這次事件發生以後，我希望教育部去訪問這位孩子，他是一位高中生，我相信他根本沒有國中畢業應有的程度，這個孩子來自弱勢家庭，理應是教育界最重視的孩子，但事實上他恐怕是最不受重視的孩子。

我希望馬總統能夠徹底消滅黑道，希望法務部和教育部能徹底防止黑道進入校園，也希望教育部傾全力注意弱勢孩子的問題。希望政府不要敷衍了事，使我們一再失望。

【本文出自2012/11/28聯合報】

15. 免試升學比序　幫弱勢生倒忙

當初十二年國教免試升學一定是希望能夠幫助弱勢孩子的，但我認爲其結果正好相反，因爲免試升學的比序辦法絕對對弱勢孩子極爲不利。

我們教授中有很多人會做機器人，有幾位教授正好有孩子在國中唸書。他們就教自己的孩子組裝機器人，也勉強解釋給孩子們聽機器人的原理。在過去，他們是不會做這種事的，現在他們如此做是因爲十二年國教的免試升學辦法中規定，凡是學生有這種能力的，一概要加分。聽說這些得天獨厚的孩子們也有一個麻煩，那就是聞者有份，一旦同學知道了，紛紛申請也要來學。可是對一些弱勢的孩子來說，他們絕對吃大虧，他們可能沒有一個父母會做機器人。

報載地方政府規定如果要做志工，就必須到政府承認的公益團體做。沒想到的是，這些公益團體已經額滿了，實在不需要小孩子來服務，因此又有一大批孩子立刻倒楣。因爲他們根本想做志工也沒有機會，眞是欲哭無淚。

十二年國教免試升學中，我最不能接受的是志願序的問題。如果是聯招，人人可將建中塡爲第一志願，對考得好的同學來說，這是有意義的，他可因此進入建中。對功課不好的同學來說，塡了等於不塡，可是也不會因爲將建中塡在前面而受到懲罰。

現在情形不一樣了，如果你想進哪一個學校，把這個學校塡爲第一志願可以加很多分，塡爲第二志願加比較少的分數。因此，如果你聰明的話，就應該塡一個相當好的而少爲人知的學校爲第一志願。這有一點像在跑得非常快的馬上下注，通常得不到什麼高額回饋，必須找一批冷門的馬而又能夠跑得相當快的，這種情況在數學上叫最優化計算，其實幾乎是一個賭博。對於弱勢的孩子來講，他一定搞不清楚怎麼做，一定吃大虧。

我之所以非常反對十二年國教的免試升學，撇開這個辦法的可行性不談，我認爲免試升學本身就是不合理的。因爲它勉強得用各種比序方法，而這些方法實在不可能令人信服，還會引起嚴重的民怨。

在過去，自己的孩子因爲考不好而不能進入最嚮往的學校，我們也會很心服的。可是現在自己的孩子功課也不錯，隔壁的孩子功課一直不怎麼好卻能到一個他喜歡的學校唸書，我相信如果政府硬要實施這種免試升學辦法，社會中一定會有一種不平之氣。這種不平之氣，會令弱勢的孩子感覺到將永遠是社會中吃虧的一種人。

希望官員知道政府的政策必須符合社會正義，絕對不能做對弱勢孩子不利的事。

【本文出自2013/2/20聯合報】

16. 考些基本題　建立弱勢孩子信心

我一直感到基測對很多低學業程度孩子而言，並不簡單。因為有些孩子不夠聰明，只會比較簡單的題目，但基測少有這類簡單的題目。

舉例來說，也許有一個孩子只懂得基本文法，會寫I am a teacher以及She is my mother這類句子，也會看簡單的文章；他的數學不是很好，但會最基本的一元一次方程式，以及最簡單的二元一次方程式，所以他會解x + 8 = 5或x + 2y = 3這類題目。如果考題中有這類題目，至少他會有一點成就感，因為他已經學會一些最基本的學問。遺憾的是，現在考題不會有這類題目，因此很多孩子非常沮喪，他會覺得一無所知。

因基測考題不包含非常簡單的題目，老師往往就不會強調學生該知道的基本學問。博幼基金會曾做過一個英文文法測驗，考題非常基本，只有現在式，沒想到博幼基金會輔導的學生表現，居然打敗一所台北市的國中。這並不表示台北市那所國中學生英文程度比博幼學生差，但顯然他們的英文老師比較不重視英文基本文法。

更可怕的是，一些大學生也是錯誤百出，博幼基金會的孩子平均廿題中，錯了四點三題，有一所大學的學生居然平均錯了十四題。我們的考試不重視基本題目，使很多學生不了解最基本的學問，而且他們也不知道自己其實是極有問題的。

當然，最令人難過的是，這種考試對一些學生是沉重打擊。學生的聰明程度是有差異的。很多學生對英文文法中稍難一點的規則老是記不得，也有些學生對於稍難一點的一元一次方程式也不會做。如果老師很有耐心教，這些孩子大概可以學得好一點，可是以現在的考試方式，老師不會重視最基本的題目，反而會一再練習難題，因此，這些孩子在學習過程中就被放棄了。

更嚴重的是，未來會考比現在基測還要難，這是教育部擺明的政策。英文、數學都變難了，明年就要考英聽，這對於鄉下孩子來講，更是雪上加霜。如果家裡有電腦，也許稍微好一點，可是很多孩子家中是沒有電腦的，即使有電腦，也不能上網，也沒有人可以在家中教他們如何使用現有的教材。

我提出一個具體的建議，未來考題應該有非常簡單的題目，一直到非常難的題目。簡單的題目應該放在前面，每個題目前面以星等來表示難度，不聰明的孩子也可以做一些題目，就會有一些成就感，也有一些信心。很多孩子很可憐，總覺得自己是毫無能力的人，我的建議應該可以幫助這些孩子。

如果國家有相當多的學生連這些基本題目都不會做，就該注意如何改善教育了。請教育當局看一句英文句子：**Are she do homework everyday?**如果政府採取了我的建議，不僅很多孩子的信心會大爲增加，這種奇怪的句子大概也會消失。

【本文出自2013/3/12聯合報】

17. 怪哉，十二年國教的免試升學禁止免試

看來儘管相當多的人反對十二年國教的免試升學辦法，政府顯然一定要實施這一個政策。這一個政策之所以吸引人，就在於它的名稱。很多學者大聲擁護這個政策，因爲他們都認爲我們國家的考試考太多了。可是我們必須注意三件事。第一，免試升學仍然要考試。雖然廢除了基測，卻仍要考會考。第二，會考成績分七等級。第三，會考比基測還要難。所以免試升學其實是名不符實的。它唯一的好處就是誘使了很多學者擁護這個政策。

大家忽略了一件事情，那就是現在國中生升高中是有免試的。我就有一個學生，他很得意地告訴我，因爲他是全校第一名，所以他可以進入新竹一所不錯的高中。他常常取笑他的學弟、學妹們，他說他是國家最後一代可以免試的。國家實施十二年國家免試升學以後，就禁止免試了。所有的學生都必須要通過考試才能升學。這實在是一個非常奇怪的事情。恐怕沒有人能夠解釋，爲何在免試升學的辦法中要禁止免試。

政府要實施任何政策總有一個理由，當初教育部推出免試升學，教育部長的解釋是：我們國家最重要的事情就是要培養人才，而我國之所以缺乏人才乃是考試太多，所以要免試。沒有想到的是，免試升學方案中不但要考試，還要考得更難。而且原來的三等級也加到了七等級。事到如此，我想對於教育部長來講是一件非常令他傷心的事，因爲他說我們國家缺乏人才是因爲考試太多。現在仍

然要考試，那爲什麼要實施這個新政策呢？

說到考試太多，現在的升學辦法，學生只考一次基測。未來的免試升學辦法，學生要考第一次會考、特色招生考試，以及第二次會考。新的辦法豈不是使學生要考更多的考試嗎？

在十二年國教的免試升學辦法中，除了考試成績以外，大家還要注意比序的問題。比序的項目花樣其多無比，可以說是琳瑯滿目。各地教育局又可以隨時修改。很多家長根本搞不清楚這是怎麼回事？有的孩子想讀高職，可是父母卻寫下希望他唸高中，這種情形，他在比序項目中是會被扣分的。這個實在是令人百思不得其解，因爲一個孩子有自己獨立的想法，居然還要受到懲罰。比序項目中有一個項目就是看你有沒有做過幹部，有沒有參加過社團。從來沒有做過幹部也沒有參加社團的學生是要吃大虧的。教育部的官員們似乎完全沒有注意到，世界上很多著名的科學家都不是外向的人。他們大概不會被選爲班長，也不會參加社團。爲什麼我們要懲罰這些孤獨的狼呢？學校選拔學生絕對不是能言善道的業務員。很遺憾的是，比序的辦法似乎在替公司選業務員。

至於志願序更是令家長恐慌。第一志願是高分計算，第二志願分數就低了，第三志願分數就更低了。如果你第一志願沒有上，第二志願因爲分數低而沒有上，第三志願更不可能上。試問對學生來講，要如何塡志願？這簡直是叫學生碰運氣。

過去教改失敗，大家常常歸咎於李遠哲院長，這是很不公平的。這次不同了，我們沒有辦法歸罪於政府以外的任何人。十二年國教是上至總統、下至行政院令體內閣閣員，以及所有有關的立法委員都要被歷史記錄下來，是他們想出這個辦法出來的。但歷史學家一定不能解釋的是，爲什麼要實施這一個免試升學而又要考試又禁止免試的辦法？這恐怕是我們中華民國歷史上的一個大謎。

值得注意的是：藥廠如要發行新藥，必須要經過種種測試，包含動物實驗和人體實驗，在做這種實驗以前，有層層把關。政府要做任何工程，也要經過環境評估，工程細節也要經過檢驗，才能動工。任何一家機械工廠所設計的機械，事先也要經過種種的模擬測試。唯有我國的教改，說做就做，可憐的是我們的下一代，他們連白老鼠都不如，他們一定要吞下這顆藥，別無選擇。

在我的書《人類面臨的重大問題》中，我說人類其實並未能掌握自己的命運，我們的命運掌握在大人物的手中，從這件事看來，我是對的。

我在此祝福政府大官工作順利，但又希望他們不要在高速公路上無緣無故地變換車道，如果一定要換車道，必須看清楚才做。我們總不能憑感覺行事！

【本文出自2013/6/17聯合報】

《人類面臨的重大問題》

國家文官學院102年度公務人員專書閱讀推廣活動推薦延伸閱讀書目

書號：RI11

五南圖書出版公司/25K/256頁/280元

2015年8月2版1刷

18. 十二年國教應立即停辦

暨南大學前校長、清大名譽教授李家同，與台師大名譽教授吳武典，昨天罕見同上街頭，與教育團體一起表達對十二年國教的不滿。

李家同指出，十二年國教標榜「免試入學」，卻考比基測還難的會考，應該立即停辦。立法院昨天舉行臨時會，會中原排定審議十二年國教的母法「高級中等教育法」。國教行動聯盟、教改總體檢論壇等團體，昨天一早在立法院門口開記者會，要求暫緩實施十二年國教，呼籲立委切勿倉促立法。李家同、吳武典兩位學者，也出席聲援。

長期關心弱勢學童教育的李家同指出，十二年國教要考比基測還難的國中會考，對偏鄉弱勢生不公平，他曾遇到兩個偏鄉地區校長，一看到會考艱難的題目，擔憂孩子的競爭力不如人，眼淚忍不住流下來。

李家同指出，超額比序項目「琳瑯滿目」，很多家長都搞不清楚，有些招生區規定，學生曾擔任幹部或參加社團就可以加分，但官員可能沒有注意到，世界上很多著名科學家都不是外向的人，他們不會被選為班長，也少參加社團，「為什麼要懲罰這些孤獨的狼？比序的設計，好像公司在選能言善道的業務員。」

李家同也擔憂，十二年國教上路後，受惠最大的將是私校。他說，十二年國教毫無意義，應永遠停辦。

第一次上街頭陳情的吳武典痛批，不排富是十二年國教的基本精神，但現在政策跳票，政府失信於民。

由暫緩十二年國教全國學生會、國教行動聯盟、教改總體檢論壇等十二個教育團體舉辦的「六月圍城」活動，已連續五天在立法院周遭遊行，要求暫緩十二年國教。

教育團體今天將繼續在立法院門口舉行記者會，主題爲「您的一票，家長記得，呼籲立委勿做教育災難推手」。

搶救中輟生和教長！

【聯合報／李家同／暨南大學前校長　余傳韜／中央大學前校長】　2013.06.26 04:34 am

十二年國教的兩大目標：免試升學，以及免費兩項，還沒實施就已宣告失敗。

因爲免試只是將一百零一次考試減爲一百次，雖然少了最後一次，但是前面的一百次，反而變得更複雜，更難確認其適當性及公平性，使學校、學生及學生家長不知何去何從。升學壓力，不減反升，免試是在玩文字遊戲。怎能騙過天下蒼生？

免費是爲了使經濟能力不能讀書的學生，有機會繼續升學讀書；免費可以增加就讀高中職學生人數。不過我們知道，在台灣，志向、智力及興趣願意讀高中職的學生，都已經在學了，免費不可能再增加就讀人數。何況學校、社會及政府還有各種機制幫助弱勢家庭子弟，政府只須加強這類機制功能就行。

國民教育的大問題，在改善九年國教。國中中輟生起因何在？怎樣才能改進？中輟生是台灣社會面臨的嚴重問題，政府不求這項嚴重問題的改進，而去玩「免試」、「免費」的十二年國教，原因何在？

原因只在於推行十二年國教是馬英九總統的競選諾言。馬英九總統可以懸崖勒馬，向國人認錯，現在不是推行十二年國教的適當時機，將有限教育經費用在改善九年國教，救救國中中輟生，救救你的馬前卒，教育部長蔣偉寧？

【本文出自2013/6/26聯合報】

19. 台灣教育只重諾貝爾　不理後段班

最近有很多的大學教授投書，顯示出他們有一種無奈，因爲學生程度太差，這當然是因爲當年教改成立了太多大學之故。大學數目少的時候，聯招可以訂出一個最低標準，以保證大學生都有一定的程度。現在根本不可能，難怪很多的大學教授會嘆氣。其實，大學教授並沒有要求過分，我相信他們的要求也不過就是學生要有最基本的學業程度，如果學生連最基本的學業程度都沒有達到，大學教授是無能爲力的。

國家有程度非常差的學生其實不是最近才有的事，只是因爲廣設大學加上少子化而爆發出來。我們應該研究的是，爲什麼會有這麼多程度非常落後的學生？理由很簡單，我們過去一直重視菁英分子的程度，總希望有能力培養出諾貝爾級的人才，至於後段班學生程度可以忽視，因爲過去他們進不了大學，所以不會有人注意到他們。我們應感謝教改，使這件事情成爲大家關注的焦點，我們不能否認他們的存在。

學生程度不好，不會有太好的競爭力。我們國家越來越進步，很多工作都需要一些最基本的學識。就以很多工廠的作業員而言，他們最起碼要懂得最基本的英文，很多工廠的技術人員也不能對數學一竅不通。所以我們要將後段班同學的程度拉拔起來，有大批的同學毫無競爭力，對國家的競爭力是很不利的事。

我們也必須探討一個問題，爲什麼我們的學生連基本的能力都不夠？答案很簡單，我們的教育並不重視學生的基本能力，也不測驗學生是否具備基本能力。

就以英文來說，英文中有Be動詞如am, is, are 這些動詞的規則都是最基本的，可是在我們的入學考試中，大概不會考到這種動詞的規則。再舉一個例子，現在式和現在進行式也是相當基本的，任何學英文的人都不能搞錯，可是我們很多的同學會寫出Are she do homework every day, Does she be a girl，爲什麼學生會寫出這種句子？我在一個場合中問到一些大學教授，他們忽然笑了出來，大家一致的結論是，這些基本句子一概是不考的。既然不考，老師也就不會注意，也不一定會要求學生不能寫錯這些句子。學生即使犯錯也沒關係，因爲將來的考試絕對不考。

我們必須設法提高學生的基本程度，我們的教育也要非常扎實，一定要要求同學把最基本學問學得非常好。如果學生基本能力不錯，國家競爭力一定會提高。

【本文出自2013/9/7聯合報】

20. 不識ABC 偏鄉童要英聽設備何用？

我們國家最近舉行了一個高中英聽測驗，結果是有嚴重的城鄉差距。成績A等的，北區有百分之二十三的學生，南區降至百分之十五，東區降至百分之十一，離島更只有百分之六。如果學生只約略聽得懂，成績就是C，北區有百分之二十九的學生得C，離島得C的有百分之五十九。

這顯示學生英聽有嚴重的城鄉差距，教育部馬上說將優先充實偏鄉的英聽設備，而且要多給偏鄉小校正式教師員額，以解決找不到英語老師的問題。這些談話令我感慨萬千，我不知道多久以前就一再呼籲要讓偏鄉小校多一些正式的英文老師，但教育部顯然完全沒有聽進去，現在又再如此地說，相信仍然不過是說說而已。

要考英聽，國中學生也面臨同樣的問題。十二年國教廢除了基測，實施免試升學，但卻要考會考，會考題目也要比以前還難，而且要加考英聽。對於弱勢孩子來說，這是使得他們的壓力減輕的消息嗎？

提到英聽，大家都提到英聽設備，其實英聽的最基本能力乃是認得英文字。現在我就要告訴各位，偏鄉孩子到底認不認得英文字。有一所偏鄉小學，三十七位同學中只有一位能寫出正確的二十六個英文字母。有二位同學認識father, mother這幾個字，有七位同學認識am, is, are等等的英文字。

對弱勢孩子而言，英聽設備根本是奢侈品。這些孩子連最基本的英文字母都不會寫，認得的英文字又這麼少，英聽有何意義？

政府之所以不能改善這種情況，原因非常簡單，他們不知道爲什麼孩子沒有學好。他們會派人到芬蘭去看芬蘭的教育，卻不肯派一些有良心的官員親自造訪偏鄉小學，了解問題。這種忽視使得偏鄉孩子永遠落後，將來長大，也多半是低收入戶，難道政府不能了解嚴重性嗎？

如果官員能重視偏鄉的教育問題，就一定會設法了解偏鄉孩子落後的原因。已經有一些團體在幫助這些落後的學生，政府官員也應該看看這些團體是怎麼做的。如果官員再敷衍了事的話，偏鄉的孩子會越來越可憐了。

【本文出自2013/11/5聯合報】

21. 廢指考 我欲哭無淚

教育部規劃，未來要廢止大學考試中的指定考試，也就是說，所有的學生都要經過甄試、申請或是繁星計畫進入大學，這個方向對我來說，實在是不可思議。如果一定要形容我的反應，我想只有兩句話可以表達，那就是「無語問蒼天」，以及「欲哭無淚」。

我眞沒有想到教育部如此地傲慢，這麼多的人反對十二年國教，完全置之不理，教育部官員非但不修改十二年國教，而且要將這種精神延長到大學入學考試去。顯然地，他們有恃無恐，認爲大權在握，要怎麼做就怎麼做，至於有人反對，則認爲這些人都是沒有學問的人，不值得理會。

廢止指考以後，所有的學生都要申請入學，申請一個學校就要繳一筆報名費，報名費最低大概是八百元，最高可能到一千五百元。一個孩子如果申請十所學校，可能會要繳交上萬元的報名費。再加上很多學校都要求面試，也就是說，學生參加面試，來回的車費以及住宿費至少也要兩千元，十所學校就要花上兩萬元。如果你是一位弱勢孩子，不要說三萬元，就連三千元都有問題，因此我說欲哭無淚。

教育部要將競賽表現和證照訓練等列入入學標準，難道他們不知道現在的競賽表現已經列入入學參考？很多科技大學也早已將乙級證照的取得與否列入入學考慮。他們又說，現在的弱勢學生，要在考試上贏過別人是不可能的，因此他們會要求頂尖大學要招收一定比例的弱勢學生。我本人是電機系畢業的，我在高中的時候，唸書沒有什麼太大問題，可是在唸電機的時候，始終覺得電機系是不容易唸的，我因此完全不能了解，將一個程度不好的學生硬要送到頂尖大學去，對學生和大學來說是好的嗎？

弱勢孩子是應該受到注意的，教育部應該做的事乃是將弱勢孩子的程度提高，他能不能進頂尖大學根本不重要。教育部老是在入學管道上打轉，用盡花招，其結果是，程度非常差的同學依然程度非常之差；舉個例，一所小學小三到小六的學生中，只有一位學生寫全英文二十六個字母，一所國中國一升國二的學生中，沒有一位通過小學六年級數學程度，百分之八十的學生應該要讀小學四年級的數學。教育部不設法提高弱勢孩子的學業程度，卻花上無數的精力、時間和金錢來修改入學的方法，根本是抓不到教育的重點。

申請入學絕對幫助了社經地位好的孩子，聯合報新聞說，即使繁星計畫，也已使私校生大獲其利，而且繁星計畫的結果使得補習班成了最大贏家。我相信教育部的官員都聽到了反對意見，可是他們會認爲他們永遠都是對的，家長的反應永遠可以置之不理的，我因此只有無語問蒼天了。

【本文出自2013/12/3聯合報】

22.大學生寫they is…會考加入基本題目

會考不久就要開始了。在過去，從國中升高中要有基本學力測驗，現在孩子們要面對的乃是會考，而政府又明確地指出會考的題目要比基測還要難一點，這種做法絕對會對弱勢孩子極爲不利。

馬總統曾有過一次大哉問，爲什麼我們學生的英文老是學不好？我很想告訴馬總統，英文學不好，乃是因爲孩子沒有學好最基本的學問。比方說，英文中的句子，總不能完全避免所謂的Be動詞，可是有一明星大學的學生居然寫出they is，還有一所大學的學生寫出Are she do，在這種情況下，我們怎麼可以說國人的英文很好？

我認爲有兩個嚴重的問題，第一，學生的差距極大，幾乎可以說那些程度落後的孩子是被放棄的孩子。第二，很多人在基本學問上不夠扎實的。

因此我在此提出一個觀念，那就是應該推行「全域教育」，我們不僅要將聰明的孩子教得非常好，也要將程度落後的孩子教得還不錯。

所謂「還不錯」，就是孩子應該懂最基本的學問。無論哪一個科目，都有最基本的學問，而我國全部的學生有沒有學會最基本的學問？舉例來說，一元一次方程式可以有相當難的題目，但也有最基本的題目，X＋3＝5就是最基本的題目。英文也是如此，要寫出非常難的英文句子是不容易的，也不能要求每個學生都有這種能力，但是總該要求學生的基本文法不犯錯。

遺憾的是，很多同學不會解最基本的一元一次方程式，更多的學生在翻譯「你每天做家庭作業嗎？」都會犯文法錯誤。因爲我們的考試是不重視基本題目的，基測已是如此，將來的會考恐怕更加如此。

一個考試中，如果有簡單的題目，至少有三個好處，第一，教育當局就可以知道有多少學生其實連最基本的題目都不會做，可作爲評估一個學校教學績效的依據。第二，很多弱勢的孩子可能只會做最基本的題目，如果入學考試中有這種題目，他們將受到相當的鼓舞。第三，各個學校的老師會更加重視基本學問的傳授，使國家不會再發生大學生寫出they is的笑話。

我們要知道，總是會有孩子是不夠聰明的，但他們應該受到鼓勵，而不能永遠受到打擊。如果會考中有基本題目，我相信老師們會更注意弱勢的孩子們，也會努力地將基本學問教好。對國家而言，這將會大幅度地提高國家競爭力。

如果會考中有基本的簡單題目，就可以無限度的加入難題，因爲我們國家也需要選拔那些極爲聰明的孩子，使他們將來能接受非常艱深的教育。我之所以在此苦苦哀求政府這樣做，乃是實在看不出來這麼做，對國家有什麼損害；對弱勢孩子而言，這種做法絕對會使他們受到相當大的鼓舞，政府何樂而不爲呢？

【本文出自2014/2/18聯合報】

23. 遇外國顧客　說不得……只能畫兔子

最近教育部改了課綱，將高中國文和英文的必修時數減低了，這當然有它宣示性的意義，表示教育部認為國文和英文並不是那麼重要，少讀一點也無妨。這是非常令人遺憾的，如此做的理由是很多孩子唸高中的英文和國文相當困難，所以就不該勉強他們。可是，我覺得應該反過來做，弱勢的孩子更應該加強國文和英文。

問題並不在於授課時數的多少，而是課程內容是否對弱勢孩子是恰當的。很多孩子讀高中英文有極大的困難，這是因為高中英文對他們來說實在是太難了。如果我們採取因材施教的辦法，教他們的英文是非常基礎的，他們學起來就一定不感到吃力，而且也會有成就感。所以我們應該做的是，好好地注意教材的問題。台大應力所王立昇教授提倡所謂的分級教育，就是這個意思。我們可以將英文分成很多等級，程度不好的孩子就從簡單的開始。弱勢孩子一定可以接受這樣的教育。

我們整個國家都應該提升英文的能力，政府一再的強調國人要有國際觀，我們當然不能要求全國人民都能聽得懂BBC廣播或者看得懂時代雜誌，可是我們總可以要求國人會讀簡單的英文文章和外國人有簡單的英文會話。我總記得有一次我去一家手機店買手機，我要看一下它們的英文介面如何，賣手機的那位年輕人立刻找別人來應付我，因為他說他完全不會英文。還有一次，我在一家百貨公司看到一位店員在畫一隻兔子給一對外國夫婦看，因爲那一對夫婦問她一件童裝的衣服是什麼材料做成的，她忘了兔子的英文是怎麼講的，所以只好畫了一隻兔子。如果這兩位店員的英文能力好一些，他們的競爭力一定會大得多。

勞斯萊斯在亞洲的引擎工廠設在新加坡而不是台灣，是因爲我們的機械工程師比不上新加坡的機械工程師嗎？當然不是，我相信唯一的理由是，我們技術人員和工程師的英文比不上新加坡同類人員的英文，所以如果我們的英文程度不能提高，我們的競爭力也絕對無法提高。

至於國文，我們要知道國文的目的不完全是讀幾篇古文而已，要使孩子有競爭力，他必須要能夠在很短的時間內看懂一篇文章，而且抓到要點。他更要有清楚表達自己想法的能力。我實在看不出來有什麼理由說國文課的時數是可以減少的。

我曾經寫信給大約一百五十位朋友，徵詢他們的意見，百分之百的回信都認爲國文和英文的時數不應該減少，應該檢討的是教材的內容。因材施教是唯一的辦法，一旦因材施教，即使是弱勢的學生，也不會感到沉重的壓力了。

【本文出自2014/12/20聯合報】

24. 我們早就提出了

今天【編註：本文係寫於二〇一四年十一月十七日】我看到聯合報的頭條新聞，有一位法國經濟學家說台灣的貧富不均問題應該用教育來解決，也就是說，教育資源一定要公平。很多大人物也都紛紛表示同意，對我來說，這當然是一件好事。因爲我們博幼基金會當年成立的時候，就是因爲我們看到國內有貧富不均的問題，而且低收入戶的學業成就都普遍不高，更嚴重的是，他們的下一代學業程度又落後於社經地位高的下一代。所以，我們的貧富不均問題必須要從教育弱勢孩子開始。

我們對這個問題已經講了很久了，值得慶幸的是，總算有一個洋人也有同樣的觀念。所以我很感激他，因爲我們這個國家對於洋人的話比較會聽得進去，希望從此以後我們博幼基金會的理念也會有人注意了。

我所擔心的是，大家搞不清楚何謂教育資源不平等。我們如果到偏鄉去，也會發現很多偏鄉小學校舍相當漂亮，有些已經完全翻新了，設備其實也不錯。他們都是小班小校，一個班級裡的老師只管不多的孩子。可是，誰都知道偏鄉孩子的學業程度遠遠落後於城市裡孩子的學業程度。我在這裡有一個希望，那就是政府官員不要在硬體上又花大把銀子，而要徹底地研究，究竟偏鄉孩子程度不如人的原因何在。如果一直不知道原因何在，無論政府花多少錢，都解決不了這個問題的。

政府官員也許不妨很誠懇地去設法了解偏鄉教育的眞實狀況，不要老是到芬蘭去參觀。我也希望政府官員知道，如果大張旗鼓地去參觀一所偏鄉小學，是絕對不可能知道眞相的。所謂眞相，當然有很多層面，最重要的是偏鄉孩子的學業程度。如果有一位政府官員知道偏鄉孩子有沒有學會最基本的國文、英文和數學，這已經就是改進教育的第一步。

25. 博幼基金會編寫的幾何教科書

我們教國中生幾何，目的絕對不是要學生知道一些幾何方面的學問而已，最重要的是要使我們的學生懂得什麼叫做邏輯推理。也就是說，要證明兩個三角形的兩個角相等，是必須要用已知的定理來證明的，而絕對不是將這兩個三角形用剪刀剪下來，然後看這兩個角是否相等。

因此，我們曾經看過目前的幾何教科書，一開始就有一個例子，教幾何入門的學生如何做角平分線。但是，沒有解釋爲什麼這個做法是正確的。因爲學生才開始學幾何，事實上是沒有學過三角形全等是如何證明的，因此也無法知道那個角平分線的方法爲何是正確的。這是非常嚴重的問題，因爲我知道很多學生都不了解證明定理的重要性。

博幼基金會最近由本會陳昭文老師和林振盛教授一起完成了一套幾何學教科書——專門用來打好幾何基礎的數學課本（由五南圖書出版公司旗下的書泉出版社出版），這一套書共分四冊，共有一千四百頁，其中有一百一十個定義，一百五十一個定理，每一個定理都有嚴謹的證明。這一套書內還有七百二十八個例題、五百六十四個習題以及歷年一百一十二個基測試題。

最值得我們驕傲的是，每一個定理的證明都是絕對正式的，也就是說，絕不馬虎。我們深信這是全國最完整的國中幾何教科書，我們甚至可以說，這可能是全世界國中幾何教科書中相當特別的一套。

26. 英聽反映城鄉差距　教育界無感？

十七日【編註：本文寫於二〇一四年十一月】看到聯合報頭條新聞，法國經濟學家皮凱提說台灣的貧富不均問題應該用教育來解決，也就是說，教育資源一定要公平。因爲國內有貧富不均的問題，且低收入戶的學業成就都普遍不高，更嚴重的是，他們的下一代學業程度又落後於社經地位高的下一代。所以貧富不均問題必須要從教育弱勢孩子開始。

上周高中英聽測驗的成績公布，可以想見的是，英聽有嚴重的城鄉差距。値得大家注意的是，這是爲了高中進大學而舉辦的英聽測驗，未來的國中進高中也要考英聽測驗。我和很多曾擔任過政府重要職位的人談到這件事，幾乎大家都搖頭，不懂爲什麼要在國中考高中的時候就要考英聽。

這件事凸顯了我們教育界一個嚴重的問題，那就是似乎完全不了解我們國家在教育上的城鄉差距問題。這種完全對城鄉差距沒有感覺的現象，實在令我吃驚。

英文聽力的養成和學生的成長環境絕對相關，英文聽力好不好，取決於很多因素，其中有一個最重要的因素是認識生字的問題，認識生字不多的孩子是不可能有好的英聽程度的。我總記得有一次我在台大電機系和一些教授聊天，提到天主教教廷，有一位教授脫口而出Holy See，的確，Holy See就是梵蒂岡。我問他怎麼會知道這個名稱，他說他也不知道，他很早就知道這個詞。我就在想，鄉下小孩如何能夠跟城裡孩子相比？

很多人對英聽差距的反應，都說要增加英聽設備，試想，一個弱勢的孩子，他知道的英文生字非常少，學校買了最好的英聽設備就能改善他的英聽能力嗎？我們的工作應該是好好地加強學生的基本能力，其中最重要的莫過於認識的生字要多，文法絕不能錯。如果生字不多，根本不能談英聽了。

我非常佩服台大和交大不採計英聽測驗的分數，好像我聽台大楊校長說，英聽的城鄉差距與城鄉的文化刺激有關，採計英聽是不公平的事。有一位同學是台北的明星學校畢業的，他告訴我他在那所明星高中唸書時，明顯地感覺到台北市和新北市的英聽差距，可見得英聽是和學生成長環境有關的。

我希望政府不要好高騖遠，而應該確實地減少程度非常差的學生。有一所國中的一年級學生中，有一半左右的學生連字母都寫不全，其餘的學生也只認識最簡單的英文字。對於這類學生，考他英聽有何意義？政府應該做的，並不是爲這些學校添購英聽設備，而是很扎實地將小學生的英文程度全部提高到一個比較好的水準。千萬不要再想出一些奇怪的點子來，這些點子除了補習班更加高興以外，也會更嚴重地打擊弱勢的孩子。這是我們該做的事嗎？

27. 孩子，不要抽菸、喝酒、嚼食檳榔和吸毒

附上一封我給博幼同學的信，希望他們將這一封信同時給他們的親友看。我本人最難過的是，很多勞動階級的人吃檳榔，結果得了口腔癌，輕則破相，重則去世。我也知道很多吸毒的人都來自弱勢的家庭，不僅健康出了大問題，因爲毒品價格太高，而只好偷或搶，下場都極爲可憐。

各位同學：

我們大家都希望將來過很好的生活，過好生活的一個條件就是身體健康。如果我們得了任何一種癌症都是極為可怕的，可是如果我們有一些不好的習慣，那我們生病的機會就會很大，因此我在這裡勸各位同學，千萬不要有以下的不良習慣。

(1) 抽菸
(2) 喝酒
(3) 嚼食檳榔

(4) 吸毒

抽菸是會使你得到肺癌的，肺癌是相當嚴重的癌症，非常難醫。

喝酒會使你得到肝癌，這也一樣的可怕。

嚼食檳榔會使你得到口腔癌，同學們要知道，口腔癌的治療過程中，是可能使你的面部完全破相，因為醫生要在你的口腔部分挖掉一塊肉。

至於吸毒，這是會使你終生不能幸福的，不僅吸毒會使你瘦弱，也會使你傾家蕩產，因為毒品都非常之貴，一旦有了毒癮，你就必須花大錢去買毒品。很多人因此犯下搶劫罪。

同學們不僅要不犯以上的錯誤，也請你們告訴你所有的家人和朋友，使他們也不會有這一種相當不好的習慣。

李家同

28. 我的新書《教改休兵，不要鬧了！》

前些日子，我們國家有一個檢討教改的研討會，我覺得我們的的確確應該很冷靜地思考，我們該不該有像過去這樣的教育改革。因為根據各種的統計，我們國人的教育問題其實是非常嚴重的，比方說，很多的小朋友連ABC都寫不全，很多大學生不會看英文的教科書，也不會分數的加法。我們實在看不出來教改對我們國家有什麼正面的益處。

但是，就以目前的十二年國教來看，這一個政策改革的幅度非常之大，進高中要考慮你有沒有做志工、有沒有擔任班級幹部、有沒有參加社團，志願填錯了要扣分，凡此種種都帶給我們學生和家長很大的困擾和不安。這個政策一推出只實施了一次，立刻就有走回頭的現象。比方說，在第一次做的時候，每一個志願都有一個分數，現在很多縣市，每十個志願是同一個分數，這就很明顯的要走回頭路，也明顯地表示這個政策沒有經過深思熟慮，就貿貿然地推出了。

所有的教改都與升學的辦法有關，而忽略了一個最重要的問題，我們該不該重視所有學生的程度。我們當然希望國家有諾貝爾獎級的人才，我們更要注意的是，我們不能有很多程度非常差的國民。教育絕對應該注意這個問題，我們應該傾全力將我們的學生教好。所謂教好，就是至少學會了最基本的學問。

我在此告訴各位，我寫了一本書，書名是《教改休兵，不要鬧了！》，由五南圖書出版公司出版。意思是說，我們實在不應該在一些不重要的事情上改來改去，而應該腳踏實地地將所有孩子們教好，使他們有一定的程度。

不用說了，希望大家能夠捧場買我的書看看。這本書的內容可以參考以下連結：http://www.wunan.com.tw/bookdetail.asp?no=12287。

我實在很誠懇地希望教育部不要再鬧了。

《教改休兵，不要鬧了！》

書號：RI15

五南圖書出版公司/25K/232頁/320元

2014年12月1版2刷

29. 總統認爲學生都應該學會最基本的學問

馬總統於二〇一四年十一月二十日接見「國際兒童人權日——《兒童權利公約》施行法上路兒童與總統有約」代表之場合中公開宣示：「我認爲，每一位老師都應該使各年齡層的學生學會最基本的學問，確保他們能獲得充分的教育。這是老師的責任，也是學生的人權。」

我同意總統的說法，我也相信我們的政府一定會好好地執行這種政策。我們做老師的人，不可能將所有孩子的學業程度都提得非常之高，這是強人所難。但是我們教會孩子最基本的知識，比方說，分數加減，或者是正負數的運算、基本的英文生字和文法，應該是可行的。

我很替弱勢孩子高興，因爲至少這樣，他們的學業程度不會太差。

30. 如何用教育解決低薪問題

大家都關心我們國家年輕人的薪水問題，有不少人認爲我們國家年輕人的薪水是二十二K，這並不是全部的眞相。相當多的人認爲我們國家的薪資沒有調漲，這也不是全部的眞相。因爲好幾家科技公司中，工程師的起薪的確是調漲了，而且幅度非常之大。

値得我們關懷的，當然是有很多的年輕人也在努力工作，可是薪水實在不高，這些人應該算是我們國家的低薪階級。根據勞動部的統計，二〇一三年，高中職畢業生的起薪只有二萬一千九百四十六元。爲什麼薪水不高？我們應該知道，我們國家的確有很多的企業所僱用的人是不需要什麼特別技術的，也就是說，無論什麼人都可以做這種工作。雇主如果給不高的薪水，總有人因爲自己沒有什麼競爭力，而只好去做這種低薪的工作。

反觀很多大學生，他們擁有非常特殊的技術，因此也就有很高的競爭力。比方說，有的學生精於機械設計，或者精於電路設計，如果一家公司不給他高薪，他絕對會找到另外一家公司，做更高薪的工作。而原來不給高薪的公司，也無法找到這種非常厲害的工程師，所以，我們國家明星大學有很多畢業生起薪就非常高的。

我們應該幫助的，就是那些競爭力不高的孩子們，使他們比較有能力找到薪水較高的工作。以下是我們博幼基金會的統計資料：

從下表的資料可以看出來，我們博幼基金會畢業生的競爭力高於全國相同學歷學生的平均競爭力。其實我還是希望大家知道，我們所做的事情只有一件，將學生的基本學問打好基礎。我們並沒有能力使我們的學生進入明星大學，但我們鼓勵學生要有一技之長。比方說，我們有一位高工電機科畢業的學生，他一畢業就在一家不大的公司維護他們的一些機器，月薪就是二萬八千元。還有一位學生是一所高中農校畢業的，他在一家農場工作，也有二萬五千元的月薪。

我們要想解決所謂二十二K問題，當然要從很多方面下手，可是，如果有相當多的年輕人的國文、英文、數學都不夠好，又沒有一技之長，我們實在很難想像他們會拿到高薪的。BBC新聞中，美國速食業員工抗議的浪潮已經擴展到一百九十個城市，當然這是因爲他們的薪水太低。所以，我們要希望國家薪水提高，也不能用仇富的情節來著手，我們必須要用教育，而且我們要強調最基本的教育。不要好高鶩遠，要腳踏實地的使孩子有更好的競爭力。

高中職畢業生初任工作月薪比較		
年度	博幼平均	全國平均
2012年	23,478	21,727
2013年	24,746	21,946

大專畢業生初任工作月薪比較		
年度	博幼平均	全國平均
2012年	29,733	26,722
2013年	31,350	26,915

31. 教好加法、ＡＢＣ打通任督二脈

昨天報載，教育部發現國中小學生中，有六分之一的學生主科不及格，尤其英、數兩科，年級越高，不及格比率也越高。小四生數學不及格的人數已經到達百分之二十。

這個現象是非常嚴重的，因爲這些百分之二十的學生在小學四年級時數學就已經落後，從此以後上數學課一定是鴨子聽雷，不知所云。從小五到高中畢業，數學課大概都是在打瞌睡。

政府的辦法永遠很簡單，那就是再花錢來做補救教育。可是報紙又說，補救教學的結果是越補越大洞，年級越高，不及格的人數越多。我在這裡要給政府提出兩個觀念：

一、補救教學的實施，一定要有一個前測，測量這個學生的程度是在幾年級。比方說，他雖然已經是小六生，可能其實只有小四的程度，補救就要從小四開始。政府花了很多錢去做補救教育，如果沒有這種因材施教的配套措施，補救教育就變成了陪讀。我曾經在一本書《李家同談教育》中強調了這一點，這本書已經出版快五年了，但是政府官員大概沒有一個人看過這本書，補救教育仍然是陪讀。

二、因爲補救教育是從根本做起，這種教育的結果應該衡量學生有沒有進步。一個小六生數學只有小四的程度，補了一年以後，他大概只有小五的程度。可是他已經進入了國中一年級，他應該仍

然不能夠應付國一的數學。但是政府卻又來測驗他，然後說他仍然落後，就下結論說，他所受的補救教育是無效的。如果政府非常認眞地辦補救教育，他應該看的是同學有沒有進步，而不是看他能不能跟得上目前的學校教育。

政府應該知道，如果一個孩子在高年級才接受補救教育，他是可以有進步的，可是遺憾的是，他可能永遠跟不上學校進度。所以我們應該注意，從小學一年級開始就要把關。以數學而論，小一大概只要學會加法，但是如果沒有爲小一生把關，到了二年級還是不會簡單的加法，可以想見，他以後什麼數學都學不會了。英文也是如此，我們發現有相當多的小六生還寫不全ABC，會的英文生字也少得可憐。那麼，他們如何能夠應付國中的英文課？

我們應該知道，我們的孩子並不是每一個都非常聰明的，有些孩子的能力就到某一個程度，不可能再學非常難懂的學問。所以，我們應該要求的是，每一位老師都要使學生有最基本的學識，比方說，小學一年級學生一定要學會加法，也許小學三年級學生一定要學會ABC及最基本的一些英文句子和生字。

可惜，我們的教育制度並沒有考慮到學生在天資方面是不同的，也沒有考慮到他們的家庭背景也可能不同，我們永遠用同一個教材、同一個進度以及同一個考試，結果是有一些不夠聰明的孩子會感到非常的沮喪。如果我們在教材上有分級，在考卷上也有分級，那麼我們就可以先考最簡單的題目，這樣可以看出學生最基本的學問學會了沒有，學校就可以立刻幫助他們。凡是通過最基本題目的同學，可以再考較難的題目，可是有些同學不夠聰明，老師就適可而止，不再要求他們考過分難的題目。這種做法一定會使得我們的同學有最基本的學識，也一定會很快樂的學習。但重要的是，所有的老師必須隨時知道學生有沒有學會最基本的知識。

打通任督二脈，仍要靠ＡＢＣ和加法。

【本文出自2015/1/1聯合報】

32. 一個博幼偏遠地區國中一年級孩子的中翻英作業

我們博幼基金會非常關心孩子的程度，下一頁一位非常偏遠地區國中一年級孩子的中翻英，在前一段，他的確犯了一些錯，我擔心他不會現在進行式。可是，看了第二段的翻譯，我就放心了。相信他前面的錯多少是有一點粗心，我有信心他以後不會再犯這種錯誤。

政府辦的會考是不會考這種題目的，他們看不起這種題目，認為這種題目太簡單，可是我堅決認為我們的孩子必須要有基本功夫，不能犯嚴重的文法錯誤，所以我們一直不斷地給他們做練習，而且我知道我們國家很多的孩子還寫不出這種簡單而正確的句子。

歡迎在國中一年級教書的老師們，將這些題目給你們的學生做。

希望大家知道，這個孩子是偏遠地區的孩子，當然他不能和台北市大安區的孩子相比，但也不錯了。

各位能不能給我們博幼基金會的老師們一些鼓勵？他們付出了很大的心血。

中翻英

David每天放學後做什麼？他每天下午打棒球。他想要成為一位棒球員，但是他不喜歡讀書。他每天都沒有做作業。他喜歡電影。他現在正在看電影。

What does David do after school everyday? He play baseball in the afternoon everyday. He wants to be a baseball player, but he doesn't like to study. He doesn't do his homework everyday. He likes movies. He watching a movie now.

誰正在打籃球？
Tony正在打籃球。
他正在哪裡打籃球？
他在學校。
你也打籃球嗎？
不，我沒有打籃球。我不高。

Who is playing basketball now?

Tony is playing basketball now.

Where is he playing basketball?

He is at school.

Do you play basketball, too?

No, I don’t play basketball. I am not tall.

33. 博幼某班小學生三個月內所背誦的古詩

我們博幼基金會認爲小孩子就是要多讀古文，所以每一個中心的督導都會逼迫孩子背古詩。每位督導的品味不同，所背的詩好像也不一樣。以下是某一班小學生在二〇一四年九月至十二月所背誦的古詩：

詠柳
泊秦淮
芙蓉樓送辛漸
山行
隴西行
金陵圖
涼州詞
早發白帝城
烏衣巷

逢入京使

夜上受降城聞笛

夜雨寄北

我常常在想，如果現在再寫詩的話，烏衣巷是不是要改成帝寶？

34. 博幼基金會的全民成人教育

我一直認爲，如果我們國家的國民離開學校以後，仍在進修之中，我們國家一定會更有競爭力。現在我們博幼基金會在偏鄉地區幫助很多部落的媽媽們接受再教育，使她們可以教部落的孩子們英文和數學。這種種子媽媽一共有兩百多位，她們對偏鄉教育有很大的貢獻。

這些媽媽們都很喜歡這種做法，因爲她們自己也有孩子，她們的程度提高了，她們自己孩子的程度當然也就提高了。

這是一種成人教育，希望大家能重視這種教育。以下是聯合報的報導。

偏鄉缺師資　在地媽媽當助教

2015-01-25 03：22：50　聯合報 記者林秀姿／台北報導

前暨南大學校長李家同創立的博幼社會福利基金會，投入偏鄉課輔多年。昨天國北教大學辦「適性教育論壇」，邀請博幼執行長陳良枝演講，他表示，偏鄉教育先天不足、後天又失調，基金會靠培訓當地媽媽當助教課輔，自己村落的孩子自己救。

相較於其他社福機構以提供物資或補助等來幫助原住民，博幼社會福利基金會成立課輔中心，教孩子釣魚的方法。陳良枝說，偏鄉教學資源不足，師資流動率高，很少老師可以教滿一年，面臨先天不足、後天失調。

同一班的孩子程度差異也大，卻因缺乏老師，無法做多餘的分組教學，或課後輔導。博幼基金會決定培養當地原住民當課輔老師，讓有熱誠的原住民家長每周教部落國小學童數學與英文，白天他們在課堂上，按照程度分組當助教，或是擔任課後輔導。尤其是協助小六學童，讓他們把能力培養至可以銜接升上國中一年級的數學與英文能力爲目標。

陳良枝說，培訓在地媽媽當助教的好處是，他們了解部落每個家庭的情況，也從小看這些鄰居的小孩長大，比起每學期來來去去的老師，更懂得怎麼陪伴學童。

陳良枝說，加強部落每個家庭連結後，也要求村里長幫忙，學生若缺課，就使用「村裡廣播」找人，就像電視廣告「張君雅小妹妹」一樣，小孩子跑到哪都找得到，學生也會覺得被全村人關心，不會因爲單親或隔代教養而失去上進心，「教育是全村落的事情」，讓學童願意自發用功讀書，成爲有能力的大人。

35. 爲什麼我要教放大器？

我教書四十年，很想和我的徒子徒孫見面，因此逼迫他們回來和我團聚。因爲我是老師，免不了還是要給他們上一堂課，現在已經有二百六十六人報名。我的課是講放大器設計，這引起了很多人的困擾，他們有些人沒有聽過何謂放大器。有聽過的人會有幾種問題：

一、放大器是老掉牙的東西，恐怕已經有一百年的歷史，這有什麼好講的？

二、放大器屬於類比電路（analog circuit），現在已經進步到數位時代，大家一天到晚都說要數位化，爲何要講這種陳舊的東西？

三、這個年頭有的是時髦的課題可講，如綠能科技、大數據、雲端科技等等，李教授不講這些新的玩意兒，難道要做一個老冬烘不成？

首先我要講，放大器的確是老掉牙的東西，可是老掉牙的東西並不是容易做的東西。歐、美、日的積體電路設計公司都會推出他們的放大器，而且種類奇多，有低雜音放大器、高頻率放大器、高功率放大器等等，可見得放大器是受到重視的。

爲什麼會如此重視放大器？放大器不容易設計，以低雜音放大器爲例，只有少數幾家公司做得非常好。但是，低雜音放大器又相當重要，比方說，我們要放大一個在房間內接受的訊號，房間內是

財團法人博幼社會福利基金會　信用卡捐款

這一代的種子，是下一代的花，邀請您一起守護弱勢孩童，灌溉未來的希望

§§ 本人願意定期定額扣款（□月　□季　□半年　□年）

（定期捐款者，若停止捐款請來電告知）

捐款新台幣　□ 500 元　□ 1000 元　□ 1500 元

□其他，新台幣________元整

定期定額自________年____月____日　起扣款

§§ 本人願意單次捐款，認捐課輔教材費

（含英語、數學、閱讀教材）：

□ 500 元，一位孩子一學期課輔教材費用

□ 1500 元，一位孩子一整年課輔教材費用

（含兩學期、暑假）

□其他，新台幣________元整

（線上信用卡捐款）

§信用卡資料（本文所有資料僅作申報用）

捐款人（持卡人）姓名：____________　身分證字號：____________

信用卡別：

□ VISA CARD

□ MASTER CARD

□聯合信用卡

信用卡號：________-________-________-________

發卡銀行：________________　信用卡有效期限：（西元）20____年____月

持卡人簽名：______________　________年____月____日

□不需開立收據　□按月寄送　□年度匯總一次寄送（建議選擇此項）

收據抬頭：□與持卡人相同　□另外開立，

收據抬頭姓名：______________　收據抬頭身分證字號：________________

收據寄發地址：□□□－□□ _____縣 / 市_____鄉 / 鎮 / 市 / 區

_____村 / 里_____街 / 路_____段_____巷_____弄_____號_____樓_____室

聯絡電話：________________　E-mail add.：______________________

若有任何問題請洽財團法人博幼社會福利基金會

捐款諮詢專線：049-2915055 #103 或 E-mail：bo.yo@ecp.boyo.org.tw　傳真號碼：(049)2915033

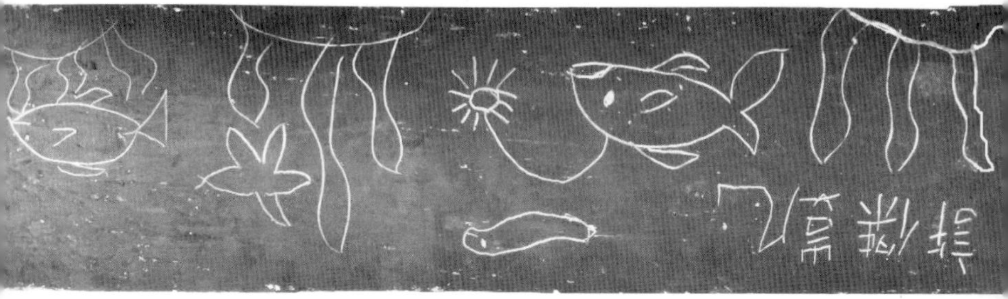

有各種雜音的，如果我們的系統是相當精密的，任何一個雜音都可能引起嚴重的誤差，所以必須要用到低雜音放大器。如果我們要設計一個訊號發射器，我們就必須要用高功率放大器，高功率放大器又是極難設計的。

還有一點，放大器是很多其他電子電路的基本，比方說，濾波器、cosine訊號產生器、訊號乘法器等等，都要利用到放大器。

現在很多人一天到晚口口聲聲談數位電路（digital circuit），而且以此爲榮，其實當這個數位電路送到任何一家半導體製程公司去製造的時候，製程公司所看到的，又是類比電路（analog circuit）。數位電路中，一定要產生方波，產生方波談何容易？非常方的波，更不容易。方波產生器是一個類比電路。

如果要使我們的工業升級，一定要從基本做起。電路設計是一個基本的功夫，這次我的學生都願意來重新上我的課，這是因爲他們知道基本功夫的重要性。他們沒有一個人會認爲我有神經病，要講老掉牙的東西。他們也都知道老掉牙的東西如果做得非常好，其價值是非常高的。

36. 在台灣當老師眞好

我在台灣教書已經四十年了，上週六我的徒子徒孫又被我抓來到靜宜大學上一堂課，他們居然也來了不少。到底多少人，我也搞不清，大概總有兩百五十人左右。

這些學生中，年紀最大的已經六十一歲，年紀最小的只有十八歲，現在在唸高三。當年我開始教他們的時候，他們只有小學五年級。身高大概都是一六〇左右，現在最高的，已經到了一八三，而且也已經是我們博幼基金會國際新聞網站的志工（四十五號）。看這些孩子長大，當然自己會覺得很老了，可是和同學們聚會，又不會覺得自己老。什麼原因呢？因爲不論這位學生現在在社會上的地位有多高，看了我以後，又恢復他當年做學生的表情，很多學生在社會上很神氣，但二月七日仍然是一副調皮搗蛋的樣子，我當然也就年輕了。

我的結論是，台灣實在是一個很好的地方，我想很少國家的師生關係是這麼好的。我該謝謝所有當天來和我團聚的人（裡面有一些人和我並沒有師生關係），看到你們眞好，也希望你們互相有聯絡，也能和我保持聯絡。

【本文出自2015/2/7聯合報】

37. 國文考試不該考自然

國文考試不該考自然，更不該誤導學生．我已經不記得是什麼時候學〈楓橋夜泊〉這首詩，可是我知道當時的老師沒有詳細的解釋「月落烏啼霜滿天」這句話的意義，回想起來，這也不是一時能夠解釋清楚的，而是要我們去體會。現在把這首詩當成與自然有關的題目來考學生，實在令我感到困惑，我如果是小孩子，一定不知如何作答，怪不得我們的學生無法很快樂的學習。

國語日報　大家談教育　自然景象VS.意境

國文考題的出題省思　一〇四年一月二十八日

我們從小就會背〈楓橋夜泊〉這首詩，我記憶中，當時的老師就叫我們背，也沒有詳細的解釋每一句的意義。沒想到最近有小學生的家長告訴我，孩子的國文考題是問這首詩中的「月落烏啼霜滿天」所形容的情景是在深秋還是初秋？我現在就來討論這個題目。

對台灣的學生來說，大多數人根本沒看過霜，城裡的學生更是如此，大概要到山裡面才能看得到霜。既然看不到，就不會知道是深秋還是初秋可以看到霜。何況在台灣，現在的氣候變化使秋天跟夏天差不多。

考國文不該考到你對自然觀察的能力，初秋還是深秋是自然科可以出的題目。一個人國文好，不見得他的自然好，爲什麼考國文要扯到自然？我一直發現部分國文教師喜歡將中國的詩詞和自然連在一起，一首詩裡頭提到一種花，就問這種花是何時開的，有的時候還問這首詩所形容的情境是夏季還是秋季？這是一種本末倒置的現象。

我們再冷靜一點的想，月落烏啼霜滿天到底是在形容一個自然界的景象還是一種意境？試問，月亮已經往下沉，可見得是深夜，我從來沒有聽說過烏鴉會在深夜啼叫的。貓頭鷹和夜鷺是我所知道會在夜間叫的鳥，其他的鳥類大概都去睡覺了。至於霜滿天，更是不合自然現象。霜永遠是在草地上，世界上沒有人看過滿天的霜，因此我們應該知道月落烏啼霜滿天是描寫一種意境，這種意境只能意會，不能解釋。

所以我認爲我們實在不要太過刁難學生，出這些意義不明的國文考題。國文就是國文，不該和自然連在一起。中國的詩詞和中國的山水畫一樣，描寫的都是一種意境，絕對不是自然景象，國文教師爲什麼不能如此想呢？

38. 別讓孩子長大變社會邊緣人

高雄監獄六位受刑人在挾持人質後，舉槍自盡。我們感到鬆了一口氣的是，人質沒有被殺，可是對任何有慈悲心的人來講，六個人舉槍自盡，也是一個大的悲劇，畢竟他是我們的國民，生長在這塊土地上，長大以後卻變成社會邊緣人物，而下場又如此地悲慘。

我們都希望沒有社會邊緣人物，很多人都以爲我們應在學校裡加強品德教育，使得孩子不會誤入歧途，所以我們會編寫很多的教材，鼓勵孩子向上。說實話，對於很多弱勢孩子來說，效果可能不大。

如果我們到監獄裡去看一次，就會發現大多數的受刑人教育程度很低，其中有不少是來自弱勢家庭。舉例來說，多數功課比較好的孩子，上課都聽得懂，對前途普遍比較有信心，儘管來自弱勢家庭，但他知道可以繼續升學，在社會上會有一定的競爭力，當然不會有什麼問題。如果一個孩子功課完全跟不上，上課時鴨子聽雷，完全聽不懂，考試永遠不及格，即使升學也沒有意義。這時萬一他交上了一些不好的朋友，就可能會步入歧途，成爲社會邊緣人物。我們再用任何的道德勸說，都無濟於事。

我們該注意的是，孩子的功課問題。一旦功課跟得上，雖不見得名列前茅，但他知道可在社會上立足，找到還不錯的工作，也可以有固定的收入。這個孩子不論是否來自弱勢家庭，被邊緣化的機率自然會比較低。我接觸好幾位老師，當發現班上同學不好好唸書，上課還不時地搗蛋，這些好老師往往不對這些孩子加以道德勸說，而是幫助他們改善功課，使他們上課時比較能聽懂。一旦孩子聽懂老師講課的內容，就不會再亂搗蛋了。所以，使孩子在學業上有一定的基礎，知道自己的能力在哪，可往哪個方向繼續前進，孩子自然就有正向的目標去追尋。一旦孩子對前途有了信心，很多不好的事情，就不會想去做，也比較不會去交不好的朋友。

我們常看到新聞說有黑道入侵中學，可是黑道吸引的對象，常是缺乏被關心的，而他們多數功課不好。如果這些孩子在學習的路上，一路有人陪伴，並教導功課，使他們可以感受到大人對他們的期待，當孩子面對黑道的誘惑時，自然不容易被吸引。

我們當然希望十二年國教能夠強迫所有的孩子讀高中職持續學習，不能中輟，可是最重要的，仍然是要使所有孩子都學會基本的能力，並想辦法關心他們，幫助他們。

要保證全國孩子學業程度不至於太差，當然要投下全國性努力，可是這不會是一個非常困難的事，而是一個非常好的投資。

【本文出自2015/2/14聯合報】

39. 聯招不但沒有消失，而且在變本加厲中

我總記得很多年前報紙的頭條新聞就是「聯招走入歷史」，這是一件大事，因爲有很多人認爲聯招罪大惡極，聯招走入歷史之後，國家的教育從此走上正途。現在我們來看看，聯招究竟消失了沒有。

聯招不見了以後，取而代之的是兩種考試，(1)學力測驗、(2)指定考試。兩種考試都是同一時間，同一考卷，而且指定考試是統一分發的，所以我們可以說，至少指定考試絕對就是過去的聯招。現在我們來看學力測驗，學力測驗考完以後，學生會拿到一個成績單，可是它並不能夠憑此成績單直接申請學校，學生要在一個時間以前塡六個志願，而且只准塡六個志願，多一個都不行。塡好以後，資料會送到中正大學，中正大學會根據學生在學力測驗的成績以及所申請的志願，對於每一個志願，他們會把所有申請這一個系的人排列出來。比方說，這個系有三十個名額，中正大學會選出前九十名，如果學生在這九十名之內，就有面試的機會，如果學生被排在九十名之外，就沒有機會。也就是說，對這個志願而言，是落榜了。

所以我們可以問，雖然聯招的名字消失了，可是它的精神仍然存在，因爲即使學生要申請一所學校的某一科系，也要先經過一個統一的考試，經過一個統一的篩選制度，才有資格進入面試階

段。這不是聯招是什麼？如果學生不想找這個麻煩，就只好參加指定考試，那就更加是聯招了。所以我認爲聯招不僅沒有消失，而且變本加厲，它和莘莘學子的入學有密切的關係。

如果學生有面試的機會，就要繳交報名費，如果一個學生有六個面試的機會，就要繳交很多報名費。他還要付出很多旅費以及住宿費，更要花錢準備自傳等資料，注意面試的時間。如果所塡的a系和b系面試的時間起衝突，恐怕也只能放棄某一個系。

最嚴重的是，任何一個學生只能塡六個志願，如果是頂尖的學生當然沒有問題，如果是考得非常不好的學生也沒有問題，就選一些冷門的科系，一定會上。可是對於百分之八十的學生而言，要如何選塡六個志願，變成了一個極大的問題。比方說，一個學生拿到成績單以後就會參考補習班的落點分析，根據這個分析塡志願，可是相當多的人都會如此做，因此所選擇的科系，可能在一夜之間變成熱門的科系，又上不了了。這有點像我們在過年期間聽廣播說，某某公路現在暢通，這個消息一出，所有的車全跑到這條公路上，這條路馬上就塞車了。如果我們要保證自己能夠上某個科系，最保險的方法乃是選一個大家並沒有非常重視的科系。因此我們可以想像得到，國家一定有非常多的人是高分低就了。

所以，聯招不僅沒有消失，還變成了高中畢業生賭博的參考資料。對學生來講，是一件不利的事，對很多的大學科系來講，問題更加嚴重。因爲大家的賭博心理作祟，一個科系的學生會發生嚴重的參差不齊現象。

我們該問的是，爲什麼要找這麼大的麻煩？既然聯招名亡而實存，何不乾脆恢復聯招？

40. 不要再折磨年輕人，改回聯招吧！

最近有一位朋友告訴我，他花了很多時間和他的兒子研究如何塡學測之後的六個志願。他的兒子最後向他的爸爸說，我不會再生孩子，因爲我不要看到他在我們的國家遭受如此大的折磨。要唸書當然要用功，可是在我們的國家除了用功以外，還要花很多的時間來做很多折磨人的決定。

現在要進大學，一定先要參加學力測驗。學力測驗結束之後就要塡志願申請入學，可是只能塡六個志願。你也可以不申請入學，就要參加一個考試，這個考試叫做指定考試。爲什麼叫做指定考試？恐怕誰也說不出所以然來。指定考試就像過去的聯招，考完之後也像過去的聯招一樣塡志願和分發。但是指定考試的名額有越來越少的趨勢，有些明星大學甚至只有百分之二十的學生是經由指定考試入學的。所以，很少人敢不申請入學的。

如果你申請入學的結果不理想，你仍然可以放棄，然後再參加指定考試。所以，我們第一個問題就是一個賭博的問題，要不要放棄學力測驗的結果以及要不要放棄申請入學的結果。這已經是折磨我們的年輕人了。

更要注意的是，指定考試的內容比學力測驗要難，如果你程度不好，學力測驗的結果不理想，你就只有參加指定考試，所以我們國家有一個奇怪的現象，功課好的人考比較容易的考試，功課不好的人要考比較難的考試。

現在我們來看塡六個志願的問題，假設要塡某一個學校的一個科系，你就要查這個科系所訂定的申請入學標準。它也許要求英文要均標，數學要高標等等，如果你不具備這些資格，那就白塡了。如果是考得非常好的同學，任何科系都能上，事情簡單許多。可是成績中等的同學，就要查看許多科系的資訊才能找到他通過最低門檻的科系。

這還沒完，有些科系會要求對英文科加權，雖然英文的成績有通過門檻，但因爲加權之後的分數又不夠了，所以又要注意加權的問題。

如果你發現你到達了最低門檻，加權之後的分數也還可以，你還要注意另外一件事，那就是去年這個科系在申請入學的最低分數。比方說，某某系去年申請入學的最低級分是七十，而你只有六十五級分，你也要知道自己大概又上不去了。

爲什麼你要如此地小心呢？因爲申請入學並不是你可以直接申請的，要將自己的志願告訴一個單位。假設要申請甲系，那個單位會將所有申請甲系的同學，根據甲系訂出的標準予以排序，假如甲系釋出三十個名額，那個單位會通知前九十名的同學有被甲系考慮的機會。

所以，塡志願的問題就在於如果你的分數都非常高，要到哪一個科系，大概都沒問題。如果你的分數非常低，大概只能選一些冷門的學校和冷門的科系。如果你的分數是中等的，就要賭博了。假設有一個大學的某一科系所訂出的標準不高，可想而知的是，這個科系被大家發現了，很多人會塡這個科系爲志願，一夜之間，這個科系的入學門檻就變得非常高了。也許去年六十一級分就可以被考慮，今年忽然之間要六十四級分才能被考慮。我們可憐的學生塡志願的時候是不知道其他人是如何想的，如果他知道其他同學都不會塡這個科系，而他塡了，他就上了。可是他如何能知道呢？

有些同學會利用很多網站上的落點分析，可是你一定要知道，落點分析如果建議你塡某志願，很多人也會據此建議去塡，你又倒楣了。我知道就有一些學生塡志願的時候，目標高了一點，結果一個學校都沒有能夠進。對這些學生來說，這是不是非常大的打擊？這些學生又不甘心塡那些不夠厲害的校系，可是他們的賭博是賭輸了。

塡志願還要注意另外一件事，萬一兩所不同大學的科系都可以有面試的機會，你還要注意時間是否有所衝突。比方說，在台北的一所大學是早上十點面試，另一所大學在高雄是下午一點面試，兩所大學其實只有一個機會可以選擇。

假如你有面試的機會，你還要準備備審資料，包含自傳、讀書計畫。自傳對於強勢孩子其實是極爲有利的。最令我感到奇怪的是讀書計畫，第一，我根本還沒唸這個科系，如何知道所開的課程有哪些，如何能夠擬定讀書計畫？第二，大學部的課很多都是必修的，只有到高年級才有選修課。一個高中生在高中畢業的時候就能知道在他大四的時候要選什麼課嗎？我眞的不知道讀書計畫的功能是什麼。

要準備這些備審資料也不能用手寫的，大多數的學生都有非常精美的文件，這些備審資料現在坊間有一些商業團體會以專業的態度來替你包裝，把你講的是一代完人，此人只應天上有。可是問題在於這些資料的準備都需要錢的，單單去影印六份資料，就要花不少的錢。

去面試要出車費，爲了怕交通擁擠，有時學生由家長陪同到一個都市住旅館，凡此種種，對於弱勢孩子而言，實在是痛苦之至。

即使你有面試的機會，也極有可能最後全軍覆沒。有些大學有一種特別的辦法，讓你能夠以技藝加分，比方說，會拉小提琴，或者籃球打得特別好，學測也考得不錯，原來只能進某一大學的某一科系，因爲有這些才藝，就可以經由這個才藝加分。可是這談何容易，如果你是籃球高手，就要到很多大學去參加考試。我也要講，有很多在高中職的校隊選手，結果是完全垮掉。其實我們很難講這個同學的籃球技術一定比另外一個同學的籃球技術差一點。要評定同學的籃球技術或是小提琴技藝，往往有主觀判斷標準在內。要靠這種技藝入學，也會使同學感到沮喪。

我們可以問兩個問題，第一，對我們所有的年輕學子而言，這種制度有什麼好處？第二，對於大學而言，這個制度有什麼好處？

我所認識的教授中，都有一個共同的想法，那就是全國最多只有百分之五的人是要經過特別的方式入學的，其他人都是普通人，沒有什麼特別之處，對這些人而言，聯招是最好的方法，簡單而又公平，完全沒有賭博的成分在內。

我們的政府一再地說施政要便民，所以我們有各種便民措施。現在我們繳稅都可以用自然人憑證來繳稅，要繳水電費都非常容易，沒有想到的是，進大學要受到如此的折磨。我有不少的朋友，近幾年來都有孩子要進大學，每一個人在他的小孩要進大學的時候，個個唉聲嘆氣。奇怪的是，我們的政府完全無動於衷，制定出如此複雜的入學制度，究竟是根據什麼原理，我眞希望政府能夠給我們一個明確的答案。如果實在沒有辦法說明白這個制度的優點，那我就建議政府一了百了，不要再折磨年輕人了。恢復聯招，留下少數的名額，讓特殊的學生可以經由特殊的管道入學。

【本文出自2015/3/20聯合報】

41. 禮記與博幼的教育問題

最近有一位有學問的人聽了有關於博幼的教育介紹以後，告訴我一句《禮記》上的話，「不陵節而施之謂孫。」我很丟臉，一開始看不懂這句話，又去問學問好的教授，後來就懂了。陵，是超過的意思，節是程度的意思，孫，是順的意思。這句話的意思是，不超過學生能力的教育就是循序漸進的教育。我覺得有時候古人的話實在是很有意義，因為我們常常說我們的教育應該因材施教，如果我們的孩子程度太差，但我們要教他難的東西，這樣他會很可憐。我常常提醒博幼的老師要知道每一個孩子的能力，如果一個孩子能力不是很厲害，太難的東西就不要教了，以免使他失去信心。這完全符合《禮記》上所講的話。

我們也請人將這些話用毛筆寫了下來，掛在埔里中心的校舍裡。

但是我們有的時候也不要低估了學生的能力，我們有的時候也要適度地使學生自我挑戰，學當時他認為很難的題目。上星期我在一場博幼的督導會議中聽到一份報告，有百分之五十八的國三孩子通過了數學五C級的考試，而去年同一時間，國三的同學只有百分之九通過了同一級的考試。這表示去年我們的確低估了學生的能力。

不要超出學生的能力，也不要低估學生的能力，這不是一件容易的事，老師必須很認眞地注意學生，關心學生，才能拿捏得很準。我一直非常感謝博幼基金會的老師們，他們都非常認眞地教導孩子，也很深刻的知道學生的程度。只有如此，才能做到因材施教。

42. 國教亂象/奇怪耶！會考稱免試　減課加考英聽

再過一陣子，所有國三學生就要參加十二年國教的會考了，我有很多好朋友是偏鄉地區的國中老師，大家都在談的是偏鄉孩子在未來考試中會不會拿到C。

C表示待加強。去年會考結果，全國有三分之一的學生在英文和數學上是待加強的。很多偏鄉學校，連第一名的英數都是拿到C。可想而知這些老師的心情。

我要告訴各位，他們的心情是沮喪的，因為今年的會考加入英聽測驗。有一位老師說：「我們已經做了最大努力，但是我們實在沒有能力使得同學在英聽測驗上合乎教育部的標準。對於偏鄉地區的老師來講，我們實在沒有不努力，但是加考英聽，乃是致命的一擊。」

我完全能夠了解這些老師們的心情，問題在於政府的大官能不能了解。這使我想起我們的教育政策，我們聽到大官說要使我們的孩子不要有太沉重的學業負擔。我總記得有一位官員在電話中向我講：「我們有少數的學生要想進建中，為什麼要這麼多同學陪這些菁英分子玩，而浪費了他們的青春，所以我們要實施免試升學。」這段話對全國人民聽來，大概都會感動的。

這位官員說這句話的時候，是有免試升學的，但政府立刻廢除這種免試升學，而宣布所有學生不得免試升學，必須參加會考。但他們又叫會考為免試升學。

更奇怪的是，政府宣布會考的內容要比原來的基測難，且英文還要加考聽力測驗。對偏鄉孩子來說，他們大多數本來是靠免試升學的，現在要考會考。最嚴重的是，他們大多數無法在英聽上得到高分。

怪事還未完，政府又再宣布將國中的英文必修時數減低至每周三小時，這到底是什麼意思呢？大概的意思是說，對於很多弱勢孩子來說，英文太難了，所以不必讓這些孩子受苦受難，少上點英文課就可以了。但是，政府又堅持國中升高中，英文要加考聽力測驗。這種充滿矛盾的政策不是不左不右，而是或左或右，不論左也好，右也好，最後受到損害的是弱勢孩子，他們越來越無法和城裡的孩子競爭。

我相信官員決策的時候常常是爲了弱勢學生著想的，但是不知何故，結果往往適得其反，使得弱勢孩子受到無情的打擊。我們當然應該保持國家一定的水準，可是要保持學生的學業水準，不能夠實行一種強硬的政策，使得學生根本無法達到政府的要求。

就以英聽來說吧！我一直以爲學生聽到一句英文句子，能夠選出是哪一句或能選出他的中文意思，就表示他有基本英聽的能力了。可是英聽考試有的卻讓學生聽一段短文，再回答有關這篇短文的問題。試問，我們眞有這種需要嗎？

希望政府不要草率在教育上做決定，拜託拜託！要知道孩子應該受到鼓勵，而不是受到無情的打擊。

【本文出自2015/3/31聯合報】

43. 圖靈給科技教育界的啓示——教授應該多向工程師學習

我們學計算機的人都知道圖靈（Turing），圖靈獎等同於計算機界的諾貝爾獎。有一個名詞叫做圖靈機（Turing Machine），是我們這一行都學過的，可是說實話，很少人懂得圖靈機是怎麼一回事，因爲圖靈機是一個數學上的觀念。圖靈雖然現在被稱爲計算機之父，在他寫圖靈機論文的時候，也並沒有很明白地談到計算機，可是在他的論文中，他至少提出了四個觀念：(1)他指出所謂的cpu（中央處理器），(2)他指出我們可以寫程式，(3)他指出世界上有所謂的記憶體，(4)他指出程式可以放入記憶體。妙就妙在這些都是盡在不言中，圖靈從來沒有把這些觀念講清楚過，可是他的想法奠定了計算機的基礎觀念。在早期人們將計算機叫做可儲存程式的計算機（stored program computer）。

圖靈機是一個數學裡頭的抽象觀念而已，要落實的話，圖靈知道他必須從數學的象牙塔裡走出來，也就是說，他要成爲一個工程師。在這一方面，圖靈是相當成功的。我曾經碰過一位英國的科學家，他在二次世界大戰時期和圖靈共事過，他說圖靈很認眞地學習設計電子電路和機械設計，他極爲聰明，所以他很快就學得非常好。也就是說，他很快地成爲一位相當厲害的電子工程師和機械工程師。

圖靈這種精神是值得我們科技教育界教授們注意的，圖靈可以完全只講觀念，而不碰實作，可是他就是對工程師的這一套學問極有興趣。他不僅僅是一個純粹理論家，也是一位傑出的工程師。

說實話，我們現在的工程教育，有的時候的確培養了一種非常懂得理論的教授，而沒有實際的工程師應有的感覺。我們所教出來的學生也會有這種情形，這是相當嚴重的。因爲既然是工學院的教授，就不能夠只是一個理論家。

我從前在美國唸書的時候，不怕考試，就只怕教授問我們一些實際上的一些問題。我記得有一次，有一位教理論的教授問我有關IBM機器的驅動程式（driver）問題，我完全不能回答，丟臉之至。我還在另一個場合看過這位教授正在動手修一架實驗的線路。令我完全不能了解的是，他是理論方面的權威，爲何對於這些實際的小事情，興趣如此之大？

我在美國唸書的時候，有一個暑假到一個眼科醫生那裡打工，也令我大吃一驚，因爲那位眼科醫生會自己設計線路來做實驗。我雖然是電機系畢業的，卻感覺到他對於電子電路的知識似乎比我還多。我一直不敢問他是怎麼學會的，但是我知道他不可能無師自通，他一定對於這一類的事情有興趣，才會懂得這些與眼科毫無關係的學問。

因此，我在這裡鼓勵教授們，有的時候要放下身段，懂得最底層的學問。圖靈當時在學術界已經很有聲望，可是他仍然肯向普通的工程師學習，這種精神是值得我們提倡的。

我始終認爲我們工學院的教授們絕對應該多向業界工程師學習，因爲他們在實作方面絕對優於我們。我們如果學會了那些實作的學問，在教學上一定會更加精彩，學生也會對於工業更有興趣。我們的教材也就不會僅僅限於教科書。

44. 博幼基金會拋磚引玉的成人教育

博幼基金會的主要工作是替小孩子補習，可是我們也有一種想法，那就是應該提高偏遠地區一般人的水準。當然，我們沒有辦法幫助年紀非常大的人，可是中年人應該是可以幫助的，所以我們一直在非常偏鄉的地區，給當地的成人英文和數學上的教育。這些教育是相當基本的，可是對於很多偏鄉地區的人們來講，這是有益的。他們學會了最基本的英文文法，寫簡單英文句子的時候不會犯錯，也會看簡單的英文文章。數學方面，我們也有很基本的教育。

一共有一百五十位左右的偏鄉成人接受我們的輔導，他們經過我們的檢定以後，就可以幫助偏鄉的孩子補習英文和數學。對這些人而言，當然他們有一種成就感，因爲他們發現自己其實是可以讀懂英文的。可是最重要的是，他的確也幫助了當地的小孩子，當然這些小孩子也包含他們自己的孩子。

如果我們整個國家的人民水準都很高，當然我們國家會有更好的競爭力。比方說，一個農夫如果一直用同樣的方法種毛豆，他可能永遠不能將他的毛豆銷到日本去。可是如果他的知識水準很高，除了種毛豆以外，他還懂得其他的技術，一樣的毛豆就可以經過品質保證，有非常精良的包裝，也就可以外銷了。

我們博幼基金會是一個很小的團體，所能做的事情非常少，可是我們是很認眞地在做成人教育的。雖然接受我們教育的人不多，可是我們是在做拋磚引玉的事情，希望政府能夠也大規模地做成人教育。我總認爲國防部應該在軍營裡實施成人教育，小兵們如果英文變好了，數學變好了，閱讀能力變好了，對軍隊當然是好的，對國家更加好。這樣做也可以使更多的人願意來當兵，因爲他知道當完兵以後，他的競爭力會大得多。

45. 理論與實作並重的例子

工學院的教授最理想的是對理念和實作都相當有興趣，兩者沒有偏廢，當然這也不是容易的事，可是我想如果一個國家有一種重視實作的文化，也許情形就會不同。

在我們計算機界有一門學問叫做計算機結構（computer architecture），有一本教科書專門介紹這個學問，作者是Harold S. Stone。這位教授是這方面的權威，有一次他上課的時候，有一位大二的學生問了一個計算機硬體上的問題，Stone教授立刻找了一部個人電腦，拿了螺絲起子拆開了這部電腦，而且詳細地介紹裡面的硬體。

從這個故事我們可以看出，這位大牌教授不僅僅懂得理論，而且也非常知道實作，這不是一件簡單的事。同時我們也可以看出這位教授沒有什麼架子，對於學生的任何問題都樂於回答。

這個故事是何瑁鎧教授告訴我的，我覺得我們眞是應該注意所謂理論和實作並重的議題，兩者都不簡單，兩者都十分重要。有一點使我擔心的是，我們的教育界過分重視論文的發表，使得很多工學院的教授沒有辦法在實作方面取得什麼經驗，因爲做實作的教授是很難發表論文的。這是我所想到的一個原因，我想另外一個原因實在是我們的文化問題。我們多多少少還是有一種對實作敬鬼神而遠之的文化，這種文化對我們的工學院教育有很大的不利影響。

我之所以寫這個故事，無非是希望我們國家的工學院教授能夠有更多實作的經驗。這種實作的經驗使得工學院的教育不至於變成紙上談兵，也不至於是打高空的教育。同學們如果知道更多實作的知識，一定會對於工程有非常大的興趣，也使得這些同學畢業以後比較能夠早一些在職場上進入情況。

46. 重點是全民素養　文創不能靠建大樓

最近看到有關文創大樓的新聞，我實在覺得這有一點奇怪，我們不能有一種迷思，認爲很多事情之所以有問題，大概都是因爲沒有大樓的原因。

我記得很久以前，政府在埔里附近的鄉下，建造了一個九九峰藝術園區，其理由是希望讓很多畫家到這個園區去安心作畫，結果這個園區的樓房變成了蚊子館。政府曾經要請暨南大學接管，當然沒有成功。我實在不能想像一個畫家或者是書法家，要繪畫或者寫字時，必須要開車到一個特定的地方去做這些事。最近一位縣長候選人競選時一再強調要打造草屯平林九九峰藝術園區爲侏羅紀恐龍公園，爲南投縣帶來觀光榮景。藝術園區變成恐龍公園，想起來也可笑。

我們要發展文創，其實應該聽聽當年漢寶德教授的講法。漢教授生前曾經向總統強調，文創必須建立在全國人民的人民素養上，一個國家如果有相當多的人喜歡看小說，自然就會產生很多小說家，也就會因爲這些小說而有電影。舉個例子，英國的《哈利波特》電影相當賣座，可是我們要知道《哈利波特》的電影是根據小說來的，《哈利波特》小說的作者最近也寫了一部相當不錯的偵探小說。

英國最近一位女偵探小說家Ruth Rendell去世，她生前寫了相當多精彩的偵探小說，也有很多被搬上螢幕。值得注意的是，她生前就備受英國政府重視，而且成爲上議院議員。雖然上議院沒什麼權力，可是上議院議員都是在社會上極有地位的，可見得在英國，小說家是極受重視的。

當然，英國的小說的確是風靡全世界，他們也出了很多著名的小說家，愛爾蘭也是如此。就以偵探小說來講，福爾摩斯探案幾乎是人人都知道的。克里斯蒂的偵探小說大概賣掉了幾十億本。要說文創，英國的確是一個在文創方面相當有成就的國家。

但我們不能忽略一件事，英國人是喜歡看小說的。很多小說家會在書店裡朗誦他的作品，也會吸引很多讀者去聽他們的朗誦。如果打開英國的報紙，可以看到倫敦有多少的戲院和音樂廳。很多人最後喜歡移居英國，就是因爲他們發現在英國有相當多的文化活動，很多戲劇上演幾十年之久。我記得有一次在愛爾蘭旅行，在海邊碰到一位先生，還問我倫敦某某戲院在上演哪部戲。

所以，我覺得我們如果要有非常好的文創事業，恐怕必須先從全國人民喜歡閱讀和欣賞藝術開始。我們大城市的圖書館相當不錯，可是在圖書館借書的人數比例是相當低的。至於鄉下的圖書館，也並不是沒有，可是實在小得可憐，經費也少得可憐。

閱讀必須從小開始，我知道我們的小學和國中並沒有固定的圖書經費，政府有的時候會編列圖書經費給學校，有的時候會沒有。我曾經向政府建議，以每一位學生一百元的預算，固定地撥付國中和小學圖書經費，這個建議差不多有二十年之久，不論哪一個政黨執政，都對我的建議嗤之以鼻。我了解這是怎麼回事，因爲這種扎根的工作是看不見的，造大樓是最看得見的。可是我絕不相信造一座大樓，我們國家就會有偉大的小說家。在全世界，沒有一座大樓是給小說家進去工作的，很多小說家之所以是小說家，是因爲他是水手。

【本文出自2015/5/6聯合報】

47. 讓弱勢生有最基本的學問

昨天的新聞表示弱勢孩子能夠進台清交者，非常之少。有一個我們應該注意的統計資料是，弱勢生進十一所頂尖大學的，只有一百三十六人。這實在是少得可憐。

可是這些頂尖大學並不是不想收弱勢學生，而是怎麼樣努力都找不到能夠進入這些大學的弱勢生。教育部表示，有所謂的起飛計畫，公私立大學如果擴大招收弱勢生，或者對弱勢生有更多的照顧，每年可以獲得五、六千萬補助。對教育部來講，在幫助弱勢孩子方面已盡了很大的努力，我卻要問，教育部真的幫助了這些弱勢孩子嗎？

我知道有一所偏鄉國中的國二學生，老師們給他們一個測驗，測驗題目非常簡單，以單字來說，僅限於爸爸、媽媽、老師、學生等等。老師們說，最難的生字就是女兒（daughter），當然也有一些簡單句子的翻譯，最難的句子也無非是我有一隻貓。其結果是，只有百分之十七的學生通過了這個測驗。

這些學生事後向老師們反映，他們絕對想好好地學英文，問題在於我們的教育制度沒有能夠因材施教，程度不夠好的學生應該有不同的教材，否則學生在課堂上鴨子聽雷，號稱國中畢業，其實一點程度都沒有。到了國二，英文還是這種程度，不必談他們是否能進台清交，或是十一所頂尖大學，而是將來在社會上能不能找到一個有穩定收入的工作。社會上有很多的人只能靠打零工生活，這就是因爲當年沒有把他們教好。

說到這裡，我不禁有一點傷心，我認爲對弱勢孩子不能只看能不能進台清交，而是要看他究竟有沒有學到最基本的學問。教育是一個過程，在這個過程中的每一個階段，必須注意孩子有沒有學到該學到的基本學問。也就是說，必須要有每一階段的品質管制。萬一發現一個孩子在某一階段發生了問題，必須立刻採取行動來解決他的問題。可是我們並沒有這種層層把關的機制，以至於一直到了國二，這些學生仍然程度極差。

如果小學就注意學生的英文認字能力夠不夠，到了國中，當然就不會表現得如此之差。我一直在等教育部長說一句話：「我重視每一個學生的最基本學問。老師有絕對的責任，使得學生有最基本的能力。學生也有權利得到這種最基本的學問。」可惜我一直沒有聽到政府官員的這一句話。如果政府官員說了這句話，我承認很多偏鄉孩子仍然不能進入台清交，可是這沒有關係，他們應該可以在社會上找到有穩定收入的工作。

當然，現在的甄試制度絕對對於弱勢孩子又是雪上加霜。要申請入學，必須要有備審資料，弱勢孩子的備審資料，絕對比不過台北市大安區學生的備審資料。我曾經看過一所大學中出現相當多衣冠楚楚的中學生，他們是來參加一種考試，考音樂素養，他們的學業程度本來就不錯，再加上會拉大提琴或者彈鋼琴，常常就因此而能進入頂尖大學。弱勢孩子學業程度已經不行，再加上哪有能力學大提琴、小提琴或鋼琴，台清交對他們來講，當然是奢侈品。

希望政府能夠徹底地了解如何能夠幫助弱勢孩子。在我看來，也沒有什麼別的辦法，唯一的方法就是使他們的功課不要太差。

【本文出自2015/5/13聯合報】

48. 我慶幸自己不是現在的年輕人

每一年到了會考的時候，我都會注意英文和數學的會考題目，兩者實在都不容易。比方說，以二〇一五年會考的英文題目來看，第二十六至二十七題的題目是遊戲的規則，然後要看了以後回答到底誰贏了。這實在令我搞不清楚到底是考英文還是智力測驗。我總希望我們的會考裡面有一些基本題目，理由如下：

一、很多同學不會回答難題，但是會做基本的題目。如果基本題目極少，這些孩子就一定被羞辱，會拿到C（待加強）。二〇一四年我們有三分之一的全國國中畢業生，英文會考拿到C，其實這些學生之中，有些同學是有基本能力的，我們實在應該給他們鼓勵而非羞辱。

二、很多大學生仍然會犯很多基本的文法錯誤，很多教授都告訴我，這種現象乃是因爲我們國家的考試是不重視基本觀念的。所以，以我們的會考爲例，就無法知道有多少同學連最基本的觀念也沒有。

可是我一直有一個困惑，那就是我也唸過高中，當然也要經過考高中這一關，可是我一點都不記得當年的英文考試有多難，所以我就拜託教育部的一位官員幫我找民國四十三年考高中的英文和數學考題。這位官員給了我很多所學校的考題，因爲民國四十三年沒有統一聯考的制度。看了這些考題以後，我實在感概萬分，因爲比起現在的會考，當年的每一所學校其實所考的題目都有兩個特色：

一、沒有叫你看一篇長篇大論的文章，然後問你問題。

二、裡面都有非常基本的題目。

Translate the following into English:

(1) 你爲什麼要來這個學校？

(2) 十月十日是中國的國慶日。

(3) 我們學校沒有女生。

(4) 因爲下雨我們不能去了。

(5) 你願意和我去游泳嗎？

看了這五個句子以後，我感動地幾乎想流淚，因爲這五個句子就是我夢寐以求的考題。我總認爲我們該有這種題目。當年考高中，尤其像新竹中學、一女中這種學校，都是菁英分子去考的。因爲民國四十三年國民義務教育只有六年，所以當時沒有國中，只有初中。要進初中就不容易，我進成功中學的初中是經過考試入學的。現在進國中不需要考試，可是奇怪的是，考菁英分子的題目很容易，考普羅大衆的題目卻又百般刁難，這到底是什麼原因呢？

有一位學生認爲這是「創意」搞出來的，我們現在成天講創意，考題也要有創意，不能考一些基本的題目，考基本的題目就表示出題的人沒有創意了。可憐的是我們的學生，一旦題目太有創意，學生就不知所措矣。

有的時候我們納悶兩件事：

一、很多孩子現在很不喜歡唸書，上課就在睡覺。

二、很多孩子要去上補習班，補習班是現在我國日益成長的產業。

如果我們看了當年的考題，再和現在的考題比較一下的話，我們應該就可以得到答案了。我還是要說我眞慶幸自己不是現在的年輕人。

以下我將民國四十三年一女中入學考試英文題目的一部分列出，原來的考題有一百題之多，我也再列了二〇一五年我國的英文會考題目，各位看看這兩者是否有鮮明不同。一女中的考題我雖然只列了一部分，其他的題型完全一樣。

我眞希望政府能夠看看這些考卷，然後以後在考題中加入一些非常基本的題目。我實在看不出來這有什麼害處，我都沒有說我們不可以有難題，我只說我們要多一點最基本的題目。可惜的是，大概沒有人會聽我的話。

省立臺北第一女子中學、省立臺北第二女子中學、省立板橋中學（女子組）聯合招生

〔節錄〕

作法　下面一共有選擇題一百五十題，每題四個答案，在四個答案之中，有一個是對的，或是四個都不對，請仔細選出：

1. A ______ has two wheels.
   (1) lamp　(2) bicycle　(3) clock　(4) book
2. He writes with a ______ pen on paper.
   (1) chalk　(2) stick　(3) ink　(4) fountain
3. We do not go to school on ______.
   (1) Saturday　(2) Wednesday　(3) Friday　(4) Monday
4. He takes his ______ before he goes to school.
   (1) breakfast　(2) lunch　(3) picnic　(4) supper

5. Columbus ________ America.

(1) invented (2) went (3) created (4) discovered

6. ________ is the way out.

(1) entrance (2) sigh (3) exit (4) exile

7. He buys meat and fruit in the ________.

(1) movies (2) market (3) school (4) post office

8. The opposite of "lend" is ________.

(1) give (2) buy (3) look (4) borrow

9. ________, people did not live in houses as we do.

(1) A few days ago (2) Long, long age

(3) Again and again (4) Now and then

10. The sun rises in ________.

(1) east (2) the east (3) south-east (4) north-east

11. ________ is good to eat.

(1) Stone (2) Coal (3) Gas (4) Cloth

12. I like to play ________ with my friends.

(1) water (2) watch (3) pin (4) knife

13. My country is ________.

    (1) the Yellow River (2) the Republic of China

    (3) the United States of America (4) the Philippine Islands

14. ________ is one of the most important materials for making clothes.

    (1) Wood (2) Iron (3) Cotton (4) Machine

15. I drink ________ of tea.

    (1) apiece (2) a kind (3) a cup (4) a grain

16. My brother likes to play with ________.

    (1) my sister (2) a book (3) the bowl (4) the pin

17. We like to ________ about our school

    (1) say (2) tell (3) speak (4) talk

18. Can you see ________ birds on the tree?

    (1) few (2) some (3) any (4) none

19. On each side of the head there's one ________.

    (1) ear (2) eye (3) hand (4) foot

20. The ninth month of the year is ________.

    (1) November (2) October (3) August (4) December

21. My father is always ________ of studying.

(1) willing (2) love (3) like (4) interesting

22. I sit in a ________.

(1) desk (2) tree (3) chair (4) floor

23. Five and seven are ________.

(1) thirty (2) twelve (3) nine (4) fourteen

24. I have tow hands; one is the right hand and the other is the ________.

(1) lift (2) left (3) front (4) behind

25. Tom is going to put his letter into the ________.

(1) letter-box (2) toy-box (3) ticket-box (4) book-case

26. Four time eleven is ________.

(1) twenty (2) fifteen (3) forty-five (4) four hundred

27. We Chinese eat with ________.

(1) chopsticks (2) pencils (3) poles (4) saucer

28. I take three ________ a day.

(1) dinner (2) meals (3) rices (4) food

29. I have my hair cut ate the ________ shop.

(1) butchers' (2) barber's (3) baker's (4) woodcutter's

30. ________ don't you go to school on Sunday?

(1) What (2) Where (3) Why (4) How

31. She ________ newspaper every day.

(1) has read (2) reads (3) read (4) is reading

32. My aunt ________ him English.

(1) was teaching (2) has been teaching

(3) are teaching (4) is teaching

33. ________ he get up early in the morning?

(1) Do (2) Has (3) Does (4) Don't

34. The train ________ the station ten minutes ago.

(1) was leaving (2) will be leaving (3) has left (4) left

35. Can you ________ a picture like this?

(1) drawing (2) to draw (3) drew (4) drawn

36. They ________ in this school for three years.

(1) Had been (2) have been (3) has been (4) have to be

37. Each of the girls ________ a pen.

(1) had had (2) have (3) has (4) had

38. Tom with Paul ________ in the garden.

(1) is (2) are (3) be (4) being

39. The desk is ________ by the carpenter.

(1) make (2) makes (3) making (4) made

40. The old man ________ to much wine.

(1) has drink (2) have drank (3) had drink (4) has drunk

41. He always gets ________ the bus at the station.

(1) at (2) after (3) on (4) by

請考生依指示
填寫准考證末兩碼

104年國中教育會考
英語科閱讀題本

請不要翻到次頁！
讀完本頁的說明，聽從監試委員的指示才開始作答！
※請先確認你的答案卡、准考證與座位號碼是否一致無誤。

請閱讀以下測驗作答說明：

測驗說明：

這是國中教育會考英語科閱讀題本，題本採雙面印刷，共13頁，有40題選擇題，每題都只有一個正確或最佳的答案。測驗時間從10：30到11：30，共60分鐘。作答開始與結束請聽從監試委員的指示。

注意事項：

1. 所有試題均為四選一的選擇題，答錯不倒扣。
2. 題本分為單題和題組兩部分。
3. 部分試題中的單字或片語加註中文，以利參考。
4. 依試場規則規定，答案卡上不得書寫姓名座號，也不得作任何標記。故意汙損答案卡、損壞試題本，或在答案卡上顯示自己身分者，該科考試不予計列等級。

作答方式：

請依照題意從四個選項中選出一個正確或最佳的答案，並用2B鉛筆在答案卡上相應的位置畫記，請務必將選項塗黑、塗滿。如果需要修改答案，請使用橡皮擦擦拭乾淨，重新塗黑答案。例如答案為B，則將 Ⓑ 選項塗黑、塗滿，即：Ⓐ ● Ⓒ Ⓓ

以下為錯誤的畫記方式，可能導致電腦無法正確判讀。如：

Ⓐ ◐ Ⓒ Ⓓ —未將選項塗滿
Ⓐ Ⓑ Ⓒ Ⓓ —未將選項塗黑
Ⓐ ● Ⓒ Ⓓ —未擦拭乾淨
Ⓐ ● Ⓒ Ⓓ —塗出選項外
Ⓐ ● ● Ⓓ —同時塗兩個選項

請聽到鈴（鐘）聲響後，於題本右上角方格內填寫准考證末兩碼，再翻頁作答

第一部分: 單題 (第1-12題，共12題)

1. Look at the picture. The girl drew two _____ on the wall.
(A) circles
(B) lines
(C) points
(D) squares

2. This dress is pretty, _____ it does not look good on me.
(A) so (B) but (C) or (D) if

3. Getting up early on a cold morning is not easy, _____?
(A) are you (B) do you (C) does it (D) is it

4. Tonight I'll stay at the office until I _____ the work.
(A) finish (B) am finishing (C) finished (D) will finish

5. Charles _____ a day in the department store looking for a hat for his wife.
(A) cost (B) spent (C) saw (D) made

6. Tom _____ ten pounds over the past two months. He looks much thinner now.
(A) loses (B) has lost (C) will lose (D) was losing

7. I don't like any one of these three watches. Can you show me _____ one?
(A) the others (B) other (C) either (D) another

8. The waiters are asked to be _____; they should always smile and remember to say "Welcome" and "Please."
(A) honest (B) polite (C) special (D) strong

9. On Children's Day, Ms. Lee, a famous storybook writer, _____ to Molly's Bookstore to talk about her new book. My two little kids just can't wait to see her.
(A) came (B) was coming (C) has come (D) is going to come

10. No one thought James would appear at Katie's party. So when he _____, everyone was surprised and could not believe their eyes.
(A) would (B) was (C) had (D) did

請翻頁繼續作答

11. B&J Café _____ known as the tallest building in town. However, O&G Restaurant became the tallest building in 2010.
(A) has been　(B) had been　(C) is　(D) would be

12. Actor David Piper became tired of talking about the movie _____ after he was interviewed about it many times.
(A) he is famous　(B) that he is famous
(C) that is famous for　(D) he is famous for

第二部分: 題組 (第13-40題，共28題)

(13-15)

From: Lisa Clyne (lisaclyne@mail.com)
To: Mary Faber (maryfaber@mail.com)
Date: Thursday, April 2, 2015
Subject: Welcome

Dear Mary,

Uncle Billy and I are excited about your visit.

The weather has __13__ these days. Like today, it was sunny in the morning, but rained heavily at noon. So we've __14__: If the weather is nice, I'm going to take you to Smith Farm. They're having a special horse show this week. I'm sure you'll like it. And __15__. We can go shopping at Mimi's Department Store; there we can walk around without getting wet. Rain or shine, we hope you will have a good time here.

See you tomorrow at the train station at 9:00 a.m.

Love,
Aunt Lisa

13. (A) got better　(B) been warm
(C) changed a lot　(D) become wet and cold

14. (A) made two plans for you　(B) worried about your trip to here
(C) decided to take you to a nice place　(D) prepared everything you've asked for

15. (A) we'll agree with each other　(B) don't worry if it rains
(C) we all love animals very much　(D) don't forget to check the weather

(16-18)

NEWS HUNT

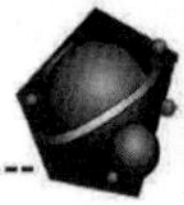

Kieran Hardy 11/07/2013

For years, we thought our Earth was the only blue dot up there. Now another has been found. Its name is HD189773b. HD189773b is an exoplanet, a planet outside our Solar System, and is one of the nearest exoplanets to Earth. Even so, __16__. Here's why: It is 63 light years away. That means it is 370,440,000,000,000 miles from us. Even if we fly at 3,500 miles an hour, it will take more than 12 million years to get there.

__17__: It is much bigger, it is made of gas and it is burning hot. In heat as great as 1,000°C, life is not possible. What is worse, it rains glass. If 1,000°C does not kill you, glass rain will.

Even so, finding this blue giant __18__. It is the first time that we have been able to see the color of an exoplanet. The color of a planet gives us ideas about what is happening on it. While we have a long way to go before we find a new planet to live on, finding a blue dot is a good start.

📖 exoplanet 系外行星 Solar System 太陽系

16. (A) we cannot really call it a neighbor
    (B) we do not know anything about it yet
    (C) we might not be able to stay there for long
    (D) we are not sure how long it takes to get there

17. (A) What's more, it is not water that makes HD189773b look blue
    (B) With its blue color, HD189773b could be a second Earth for us
    (C) Except for its blue color, HD189773b is nothing like our home planet
    (D) Because of its blue color, people guess there might be life on HD189773b

18. (A) gives us hope
    (B) took hard work
    (C) has changed our life
    (D) helps us know more about Earth

請翻頁繼續作答

(19-20)

Last Saturday, Ginny and her friends had lunch at Howell's Bowl. Here is their order, and the poster of the restaurant.

Howell's Bowl

Table 2	3 person(s)	Order taken by Fred	12:30 12/23
1	pumpkin pie		220 x 2
2	cheese cake		120 x 1
3	milk shake (chocolate) (large)		200 x 2
4	milk shake (banana)		110 x 1
5	chicken sandwich		100 x 1
6	chicken sandwich (with cheese)		120 x 1
7	cola (no ice)		65 x 1
8	orange juice (no ice)		90 x 1
9	grape juice		95 x 1
10			
		Total Price:	$1,540

Thank You & Hope to See You Soon!!
Tel: XXX XXXX

Howell's Bowl

Open Hours:
11:30 am - 11:30 pm
Tues. to Sun.

Joy Time: 20% off
2:00 - 4:00 pm
9:30 - 11:30 pm

poster 海報

19. On the order list, Ginny ordered a sandwich with cheese, a fruit milk shake, and a fruit drink without ice. How much did she have to pay for her food?
(A) $300.
(B) $320.
(C) $385.
(D) $410.

20. Ginny wants to go to Howell's Bowl again during Joy Time. When will she possibly go there?
(A) 11:00 a.m. on Wednesday.
(B) 2:30 p.m. on Monday.
(C) 8:00 p.m. on Friday.
(D) 10:00 p.m. on Thursday.

(21-23)

Below is how four students answered their teacher's question in class.

Lily: I like shopping and talking to people. I think I can learn how to do business. Maybe selling clothes is a good business for me.

Ryan: My hobbies are playing computer games and making friends online. We often share our funny stories by e-mail. I guess I will learn more about computers and make super-smart computer programs.

Bill: My parents have kept lots of pets since I was little. We've experienced many things together, good and bad, happy and sad. Those stories have always stayed in my mind. One day, I will share them with people by drawing and writing books.

Anna: Though my mom and two sisters are all doctors, I'm sure I will stay as far away from a hospital as I can. I hate being sick, and I'm afraid of seeing sick people looking weak and sad. I'll keep strong by playing my favorite sport, tennis, every day. One day I'll join the national team and be another Lu Yen-Hsun.

21. What question did the teacher most likely ask in class?

📖 likely 可能

(A) "What do you want to do in the future?"
(B) "What's your plan for the coming vacation?"
(C) "What do you like to talk about with your friends?"
(D) "What's your favorite thing to do with your family?"

22. What do we know from the reading?
(A) Lily is good at making clothes.
(B) One of Bill's parents is an animal doctor.
(C) Ryan enjoys meeting people on the Internet.
(D) Anna was once very sick and stayed in the hospital for a long time.

23. What does them mean?
(A) Pets.
(B) Books.
(C) Stories.
(D) Parents.

請翻頁繼續作答

(24-25)

Here is the preface of Nick Foster's new book *Married to Food.*

Preface

My mother was lousy at cooking. To her, cooking was more like an exciting experiment. You put some of this and some of that in a pot, and you wait and see what will happen. "No experiments, no experiences." is what she would say when her experiment did not turn out good, and I heard that a lot.

My father was a good cook, and he loved to cook, too. He often said that he got my mother to marry him with a table of delicious food, not with a beautiful ring. "A family needs only one good cook," he said.

Now I am a cook myself. And I have my own restaurant. I learned how to cook from my father, of course. From him, I learned the art of cooking. But I did learn one thing from my mother. It's her famous saying: "No experiments, no experiences."

iv

preface 前言 experiment 實驗

24. What does it mean when someone is lousy at something?
    (A) They are famous for it.
    (B) They cannot do it well.
    (C) They think it is important.
    (D) They are not interested in it.

25. What can we learn from the preface?
    (A) How Foster started his own restaurant.
    (B) When Foster's father married Foster's mother.
    (C) What Foster's mother taught him about cooking.
    (D) How Foster learned the art of cooking from his father.

(26-27)

Here are the rules for a game called "Trip to Dreamland."

1. Each player begins at **START**.
2. In each turn, first take one of the four cards ☽❄☼● to decide how many spaces to move: ☽ for one space, ❄ for two spaces, ☼ for three spaces, and ● for four spaces. Then follow the words next to the ☞, if there is a ☞ at the place you arrive at.
3. The first one who gets to Dreamland wins the game.

📖 turn 回合　space 步、格

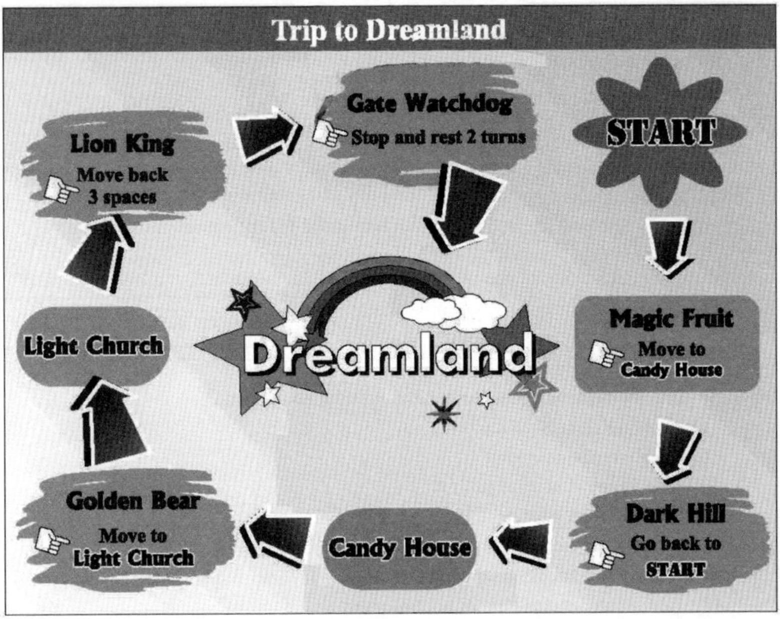

26. Below are the cards which four kids have taken since they began the game. Who has won the game?

(A) Anna: ☽ → ☼ → ●.　　(B) Kate: ❄ → ☼ → ●.

(C) Billy: ☽ → ❄ → ☼.　　(D) Ivan: ❄ → ● → ☽.

27. What can we learn about the game?

(A) One can never begin his turn from Lion King.

(B) The cards can be used to decide who goes first.

(C) One can never get to Light Church at the first turn.

(D) The cards can be used to decide where to start the game.

請翻頁繼續作答

(28-31)

The idea may hit you once or twice a year. You come home on a hot summer day, hoping to have a cool bath, and find out there is no water. Then you see how important water is in your everyday life. However, in many parts of the world, water is not just about one's everyday needs

In countries like Tanzania, water is hard to get, and the job of collecting water falls on women's shoulders. Girls are often kept home from school to collect water while their brothers stay at school studying. Studies show Tanzanian girls who live 15 minutes from clean water spend 12% more time at school than those who live an hour away. More time spent collecting water means less time for learning. For these girls, "Knowledge is power" is not just words; it is a sad fact in real life. With less time spent at school, their chances of getting well-paid jobs are small, and they often have no voice in important matters, like who to marry. These girls are often married into poor families. They have little money or knowledge to take care of their children, who often end up dying young. For the baby girls who are lucky enough to live, their life may still center around "water," just like it did for their mothers.

28. What does The idea mean in the reading?
(A) Water is important in one's everyday life.
(B) Water is not just about one's everyday needs.
(C) It is nice to have a cool bath on a hot summer day.
(D) We should not take a bath when there is little water.

29. What is the reading mostly about?
(A) Why it is important to save water.
(B) How water may give a country power.
(C) How water may play a part in one's future.
(D) Why it is hard to get water in poor countries.

30. What do we know from the reading?
(A) Children in poor countries die from drinking dirty water every day.
(B) Girls who spend little time at school have a harder life when they grow up.
(C) Girls in countries like Tanzania are often paid less for the same job than the boys are.
(D) Children from poor families are often kept from school to take care of younger children.

31. Families in the countries of Benin, Ghana, Guinea and Madagascar deal with the job of water-collecting the same way Tanzanian families do. From the reading, which chart best shows the fact?

chart 圖表

(A)

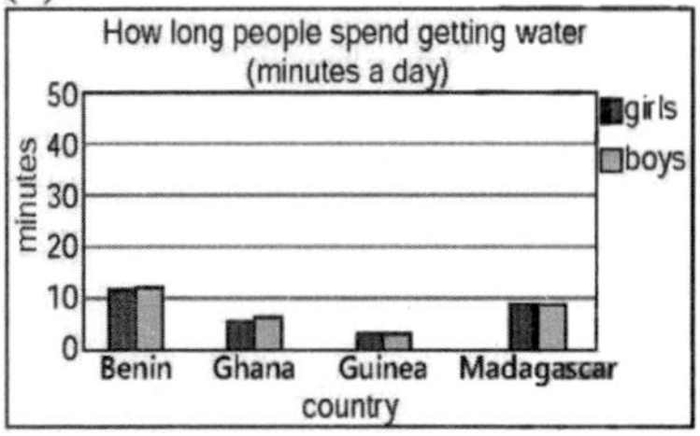

(B)

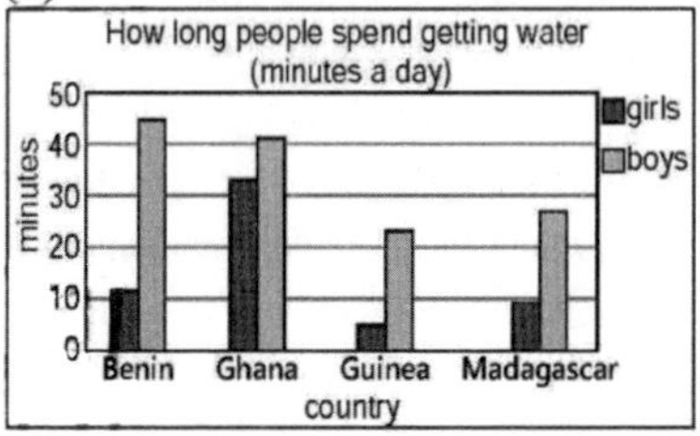

(C)

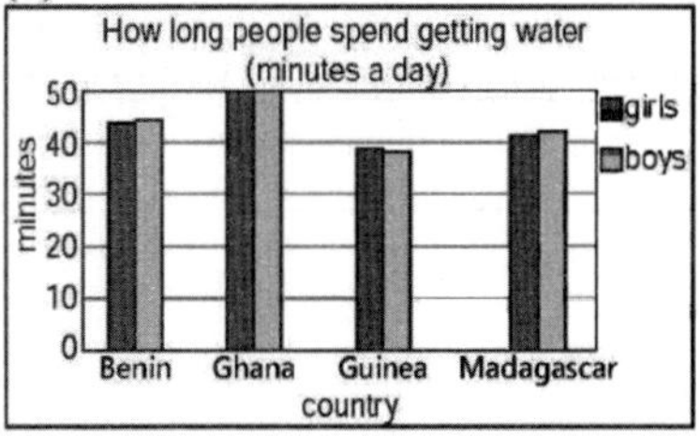

(D)

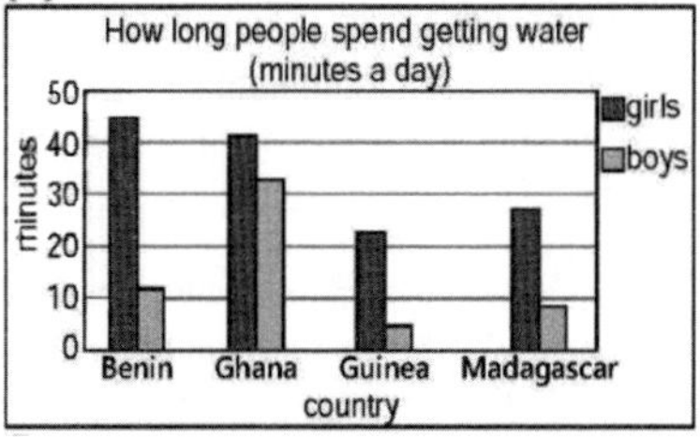

請翻頁繼續作答

(32-34)

(At Liz's birthday party)

Amber: Don't tell me you didn't go to Garden House.

Keith: Why would I go there?

Amber: For Liz's birthday cake! I left you a voice message this morning!

Keith: But you said Matt would go to the bakery! And why did you come here without me? I was waiting outside your apartment for an hour!

Amber: No! I said I'd have lunch with Matt, and we'd come straight here from the restaurant. So I asked you to help get the cake after work.

Keith: No, you did not! And why didn't you answer my calls?

Amber: My cellphone is dead! I said in the message that you could call Matt's number if you wanted to find me. Now please tell me you did bring the gift we got for Liz.

Keith: What gift? I'm sure you didn't say anything about a gift in the message.

Amber: I told you that yesterday!

📖 message 留言

32. What is Garden House?
    (A) A bakery.
    (B) A gift shop.
    (C) A flower shop.
    (D) An apartment.

33. What can we learn about Keith?
    (A) He forgot to meet Amber and Matt for lunch.
    (B) He did not know how to get to Amber's apartment.
    (C) He called Amber without knowing her phone was not working.
    (D) He did not know Amber left him a voice message this morning.

34. Which sentence was most likely part of the message that Amber left Keith this morning?
    (A) "Matt and I will go to the party after lunch."
    (B) "Don't forget to buy a birthday gift for Liz."
    (C) "You can go straight to the party from your office."
    (D) "I need to talk to you about the party this weekend."

📖 likely 可能

(35-36)

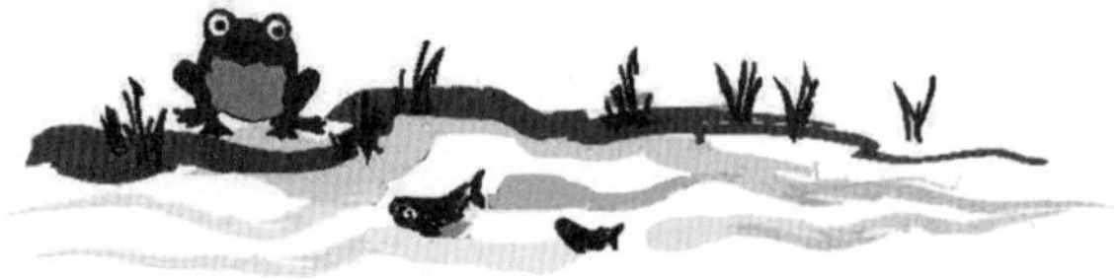

Froggie was a frog who never remembered where he had been. His biggest dream was to find the best pond to swim freely without worrying about water snakes. One day, Froggie hopped to a kitchen and jumped into a pot full of hot water. Froggie felt the burning heat and hurried out of the water as fast as his legs could carry him. "I almost died there!" Froggie thought.

A few days later, Froggie went back to the same kitchen, totally forgetting he had been there. He again hopped into the same pot. This time, the water inside was cool. He looked around and thought, "There's no water snake trying to eat me and I can have this place all to myself!" At that moment, Froggie knew it was his dream pond. What he didn't know was that the water was warming up over a low heat.

After thirty minutes of swimming, Froggie felt the water was warmer but he thought of this as a nice surprise. "This sure is the best place for swimming. I get to have a hot bath, too." During his comfortable bath, the water kept getting warmer and warmer. Froggie was so comfortable that he fell asleep. And he never woke up.

35. What lesson can we learn from Froggie's story?
    (A) Life is too short; one should live it to the fullest.
    (B) Those who use their time well will win in the end.
    (C) People are blind to problems that slowly get worse over time.
    (D) It is difficult to give up old habits, but easy to pick up new ones.

36. What do we know about Froggie?
    (A) He learned to share what he liked with others.
    (B) He thought what he had hoped for became real.
    (C) He once almost lost a dear friend to a water snake.
    (D) He wanted to go back to the same pot for a hot bath.

請翻頁繼續作答

(37-40)

The Metro Times

Oct. 1. 2020

These years churches are <u>in a calamitous state</u>. To start with, the number of church-goers is dropping sharply (see Figure 1). Many say they do not belong to any church, and those who do go less often than they used to. Going to church appears less and less on people's to-do list. Another worrying fact is that fewer and fewer young people go to church, which leads to an older church (see Figure 2).

And there is also the problem with money. Keeping a church door open is not cheap. Fewer people going to church means little money coming in. This makes it harder to keep a church open.

When the time comes for a church to close, there is little to do but to sell it. Churches that were lucky enough to find a buyer were put to other uses. Some were changed into restaurants or school gyms, and some even became nightclubs, for example. Churches that had little luck were knocked down in the end.

Just like a store that keeps losing business needs to think of ways to save itself, it is perhaps time for the church to try to win people's hearts back and play an important part in people's lives again. This is not something that one can simply pray to get an answer to.

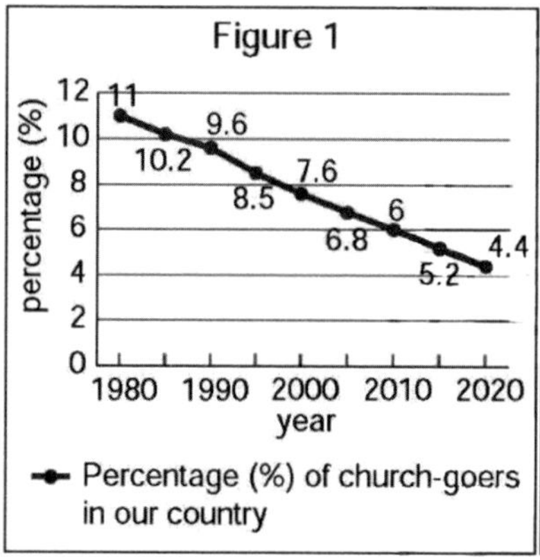

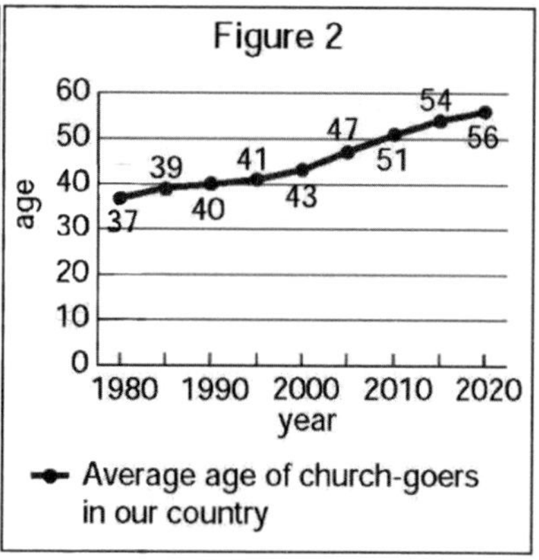

figure 圖 average 平均

37. What does it mean when someone is <u>in a calamitous state</u>?
    (A) They have serious trouble.
    (B) They try to change themselves.
    (C) They are looking for a second chance.
    (D) They lost interest in the outside world.

38. What can we learn about the church-goers from the report?
    (A) Between 1980 and 2005, few church-goers were younger than 50.
    (B) In 2010, only 6% of church-goers were younger than 50 years old.
    (C) In 2020, the percentage (%) of church-goers drops to lower than half that in 1980.
    (D) Between 1980 and 2020, the rising number of old church-goers has led to an old church.

39. What is talked about in the report?
    (A) Where the church's money goes.
    (B) How people decide to join a church.
    (C) What happens to churches that are closed.
    (D) Why people have stopped going to church.

40. Below are four findings from other reports. Which does NOT agree with the idea of the report?
    (A) "Reports show over 90% of church-goers go to church because their fathers do. In the last 20 years, 49% of men under 30 have left the church. That means there's a 90% chance that their children won't go to church. This is hard for the church to take in."
    (B) "Between 2003 and 2010, over 1,000 new churches were built in the country. This may sound like good news. During the same years, however, more than 2,000 were closed."
    (C) "In the report, 33% of the people that were interviewed say they never go to church and another 33% say they used to. Only 15% go to church at least once a month."
    (D) "Of the 15 countries in the report, the percentage (%) of church-goers in some countries, like Denmark. is lower than 10%; in others, like Poland, the percentage is higher than 70%."

試題結束

49. 從"She are"來看我們的教育問題

我在幾年前無意中發現一位大學生寫出的英文句子中有"She are"出現，我當時大吃一驚，又陸續在兩個場合發現大學生寫出"They is"。最近我又發現有一位大學生寫出"It are"。

我始終認爲這些大學生絕對不是不聰明，而是當初我們的英文老師沒有注意到學生的英文基本文法其實是沒有學好的。我們現在很多先進的英文老師不贊成學制式的英文文法，所以，當然也絕對不會考學生究竟會了Be動詞沒有。可是我收到一本美國小學生的啓蒙英文教科書，第一課就是I如果代表我，就必須大寫，第二課句子如果是問句，標點符號一定要是？。第三課開始就是Be動詞，Be動詞講得很詳細，I am, you are, he is等等，都有練習。可見得我們是應該注意Be動詞的。

問題在於我們國家的考試是不會管這些Be動詞有沒有學會的，說實話，看到了我們的英文會考題目，我實在感到非常傷心，因爲顯然我們的教育界是不在乎學生有沒有學會最基本的知識的，所有的考題都不容易。考試引導教學，我每次強調中小學老師應該注意學生有沒有學會最基本的英文文法規則，很多大學教授都嘲笑我，他們說老師不會管這些東西的，因爲高中入學考試不會考這些。

可是我看過民國四十三年一女中高中入學的英文考題，裡面完全沒有難題，考得非常基本，眞使我感慨萬分。

如果政府依然不理會學生有沒有學會最基本的學問，就以英文來講，我相信絕大多數的大學生無法用英文來寫論文，這就非常嚴重了。因爲對這位大學生來講，他的競爭力當然會小很多，對整個國家來講，國家的競爭力也是會大受影響。我們國家的經濟不能完全靠內銷，我們一定要注意我們的產品能否外銷到國外，如果工程師的英文不夠好，就不能用英文來描述他們的產品，這當然是很不幸的事。

其實也不僅僅是英文，很多的教育都不去管一門學問的基本問題，我一天到晚聽到教授埋怨學生不會寫程式，因爲這些學生偷懶，懶得學，所以不會。可是我又發現這些教授教很難懂的程式語言語法，因爲如此才表示自己有學問。在我看來，學寫程式根本就應該從邏輯思考學起，也就是說，學生一定要學會如何設計一個流程圖。如果學生不會設計流程圖，卻學了很多的艱深語法，當然不會寫程式。我們怎麼能怪學生呢？這又表示一件事，教育界不屑於教最基本的東西，總認爲應該教學生一些深奧的學問，而不了解學生學會了最基本的學問，就相當不錯了。

所以我在此希望我們的教育界能夠好好地注意我們的學生有沒有學好最基本的知識，而不要成天用難題考他們。我也在這裡預告博幼基金會將公布一個完整的檢定制度，這個檢定制度和一般的檢定制度完全不同，我們非常注意基本能力。這個檢定制度也是因爲我們國家太不注意基本能力而被迫制定的。

50. 教育部這樣做，對得起學生嗎？

根據最新的新聞，國際學生能力評量計畫（PISA）公布最新的測驗結果，我國學生的數學能力在全世界是第四，僅次於三個國家，分別是上海、新加坡和香港。必須注意的是，這三個單位都是城市，中國大陸始終不肯將全國學生做一測驗，所以我們幾乎可以說我們是世界第一，因爲我們有鄉下的學生也參加測驗。

可是，六月五日，十二年國教爲免試升學而舉辦的會考成績公布了，會考成績有三大級A、B、C，A中也許還有A＋＋等等，C只有一級。C的名稱叫做待加強，意思就是不及格。全國的學生在全世界名列第一，但是有三分之一的學生發現自己的數學是不及格，我們可以想見我們國家有多少的學生在昨天受到多大的打擊。

除了數學以外，英文也是如此，有三分之一的孩子，英文得到C。

教育部這樣做，我是堅決反對的，因爲我看過會考的考題，發現沒有很多很基本的題目，所謂很基本的題目，乃是國中數學上的基本運算。我們要知道，學生並不是個個將來都會用到艱深數學，他們如果學會了最基本的數學運算，比方說會解簡單的一元一次方程式，對很多學生來講，這已經夠了，也應該告訴這些學生，他們並不是對數學一竅不通，他們已經有了最基本的能力。

英文也是如此，我曾經將我們會考的英文題目和民國四十三年一女中的英文考題相比，其結果是天差地別。一女中的英文考題幾乎絕大多數都是相當基本的，而我們的英文會考考題實在有夠難，而且還要考英聽。

將考題考得很難，不僅是對於弱勢孩子的無情打擊，更重要的是，我們國家的政府官員完全不知道學生究竟學會最基本的能力沒有，因爲有很多同學也許英文並沒有拿到C，可是他的文法根本沒有學會。大學生中有人寫出"She are"或"They is"或"It are"的句子，我可以打賭當年他們的英文並沒有拿到C。雖然他們沒有在英文上拿到C，他們身爲大學生恐怕是不能寫出英文論文的。也就是說，會考不考基本題目，其結果是各級學校紛紛教學生花拳繡腿，而不肯教學生蹲馬步。他們的確可以一路順利升學，只是到了社會才發現自己是競爭力不夠的。

全國的學生有三分之一拿到C，政府有沒有去看看這些學生是分布何處，也不妨看看台北市大安區有多少學生拿到C。在這個地區，恐怕拿到一個B就讓人不愉快了。我知道有一所偏鄉國中，全校學生的英文都拿到C，這些學生中有一個學生是相當用功的，可是他只拿到C。很多同學嘲笑他，你如此用功，還不是和我們一樣？這些學生都告訴他們的學弟妹，也不必太用功，因爲用功也好，不用功也好，命中註定都是要拿C的。我認爲教育部應該勇敢地調查偏鄉地區學校有多少學生英文和數學拿到C，全國是百分之三十，偏鄉地區百分之七十的學校一定有，而且一定不少。

前些日子有一位國中老師打電話給我，他語帶哽咽地說，我們已經盡了最大的努力，但是國家十二年國教免試升學的會考，使得我們永遠抬不起頭來。教育部這樣做，對得起我們的學生嗎？對得起我們的國中老師嗎？

我們現在實行的是免試升學，所以會考絕對不是升學考試，這是教育部一再強調的。因此，會考一定是一個測驗學生程度的考試，我在這裡第三次向教育部苦苦哀求，考題內容除了有難題以外，應該要有相當份量的基本考題，這樣一方面可以測出學生有沒有學會最基本的學問，二來對於已經學會基本能力的學生，也可以給他們鼓勵。

51. 爲孩子們層層把關的博幼英數檢定考試

博幼基金會宣布了我們替全國孩子層層把關而設計的英文、數學檢定考試辦法，考試辦法可以在以下的網址中找到：

http://www.boyo.org.tw/boyo/index.php?option=com_content&view=article&id=724&Itemid=336

各位如果熟悉晶片製造程序的話，就會知道一個晶片的製造差不多有幾百種不同的操作程序，其中只要有一個程序出了問題，就前功盡棄，所以如果要保持晶片的品質，不能在最後才做檢驗，必須在製作過程中有很多的檢驗，以確保製作沒有問題。不僅晶片如此，很多非常先進的工廠都是如此做的，很少工廠完全是在產品完成以後再做檢驗的。

我們辦教育其實也應該給孩子們層層檢驗，以確保他的基礎沒有問題。以英文來講，我們的確是有學生到了國中，甚至高中，ABC寫不完全。最簡單的英文生字都不會拼，連最基本的Be動詞也不會，也有同學在小學的時候，分數加減就搞不清楚，到了國中，一元一次方程式就做不對了，二元一次方程式也不必談了。

我們最重要的工作乃是保證我們的孩子都要有最基本的能力，我們無法要求全國所有的孩子都能解難題，學高深的學問，但我們絕對有能力使我們的孩子在每一個學科上、每一個年級都學會最基本的能力。但是如何知道我們學生有沒有這種能力，我們必須有一個檢定辦法。博幼基金會因此在這裡宣布，我們有一個爲孩子層層把關而設計的英文、數學檢定考試。

我們的考試有以下幾個特色：

沒有選擇題，選擇題是相當有問題的，很多同學是亂猜也得分的，我們的檢定沒有一題選擇題。比方說，以數學爲例，我們一定要你將計算過程寫下來；以英文爲例，我們也要你將整個英文句子寫下來。我們承認這個做法是有困難的，可是我們堅持一定要如此做，絕不敷衍。

我們的檢定是爲了層層把關而設計，所以我們的考試從易到難。英文的口號叫做從ＡＢＣ到ＢＢＣ，所以一開始的英文考試是相當容易的，慢慢地越來越難，而且檢定的要求也越來越嚴格。在初級的考試中，偶爾犯文法錯誤是可以原諒的，但是到了比較高級的英文考試，我們就絕對不允許文法上有嚴重的錯誤。只要犯一個嚴重的文法錯誤，就沒有通過。

我們的英文考試分兩大類，讀和寫分開，因爲我們發現孩子很多會讀英文的文章，但是寫的時候又會犯錯。爲了鼓勵大家起見，英文的試卷是分讀和寫的。即使寫的不太好的人，也可以參加英文讀的考試。

我們英文讀的考試絕不刁難任何人，絕對不會出一個內有報表的題目，也不會要你讀一段英文文章，然後還需要計算一下，更不會有一段牽涉到複雜遊戲的英文短文，最後問是誰贏了這場遊戲。我們只考你看懂一篇文章沒有。到了最高級的英文考試，只要看了一篇文章以後，用中文寫出文章的大意就算通過。換句話說，如果你有能力的話，應該可以猜出文章上一些生字的意思，所以我們不會要求你逐句的翻譯。唯一的缺點是不能查字典。

數學檢定考試也是如此，我們從小學的四則運算一直到國中的幾何。如果你在某一級的考試中考得不夠好，你可以立刻再選一級簡單的考卷再考一次，這是最簡單的題目了，也是最基本的題目。這種題目，任何一個孩子都應該會答對八成。如果一個孩子連這種題目也有問題，我們就認爲要注意了。

這種考試在博幼內部其實早已實行，每一個進基金會受教育的孩子都經過我們的前測，以確定他的程度。有了這個資料，我們可以決定他和哪些同學上課。之前我們沒有對外開放，現在我們對外開放了。

我們不能只考大家的程度，而不給予大家學習上的幫助。博幼基金會關於教育的網站，一共有十八個之多，相當多的網站不僅有細部檢定的功能，也有細部練習的功能。比方說，我們的英文基本題型練習網站，一共分了九十一級，我們可以說每一級都是一種檢定，也是一種練習。第一級是Be動詞，Be動詞又分三類，肯定句、否定句和疑問句。大家不要小看這個網站，很多大學生的Be動詞是會犯錯的。

以現在式和現在進行式爲例，很多小朋友會搞不清楚。最近我看到一本英文小說講到一個人的英文不好，永遠搞不清現在式和現在進行式的用法。可見得對於初學英文的同學來講，任何一個小地方都是需要反覆練習的。我們的英文練習題目有八千八百個。

數學方面，我們也有一個線上選題系統，裡面一共有一百六十三級。就以一元一次方程式而言，一共就有十八級。每一級內又細分一至三種不同題型，有很多小朋友需要對每一種題型反覆練習，我們的網站是爲了這些小朋友設計的，數學的題目則多達一萬八千個。

我們歡迎大家利用博幼的檢定考試，尤其是如果我們要做課輔的工作，必須知道學生的程度，這種檢定考試乃是十分必要的。如果有任何單位想集體測驗的話，也可以和我們聯絡。如果有任何建議，也歡迎與博幼基金會教材組聯絡，電話是〇四—二六三一—〇四一六。

52. 我們不注意基本學問的結果

我們國家的學生從小就開始讀英文，總該會寫簡單的英文句子吧！現在請各位看以下的一份考卷：

中翻英

1. Ken是醫生嗎？
2. 他不是學生。
3. May是我的朋友。
4. 他們是護士嗎？
5. 我是老師。
6. Ken喜歡牛奶。
7. Sue不喝牛奶。
8. 你們打籃球嗎？

9. 他們不吃蘋果。
10. 我弟弟每天打籃球。
11. Paul計畫(plan)吃大餐(a big meal)嗎？
12. 他們決定(decide)看電視嗎？
13. 我想要打棒球。
14. Jill不喜歡喝牛奶。
15. 他媽媽同意(agree)看電影。
16. 我爸爸正在煮飯。
17. 你正在做功課嗎？
18. 他們現在沒有在跑步。
19. Mike正在看電視嗎？
20. 媽媽現在沒有在煮飯。

現在再看一些國中一年級學生所寫的錯誤句子：

1. He doesn't a student.
2. I want plays baseball.

3. They don't running.
4. They is don't ran now.
5. Does you doing your homework now?
6. I father
7. I am is teacher.
8. Do Mike is watch TV?
9. He is mother agree see movie.
10. He not student.

從這件事情上可以看出一個重要的訊息，那就是我們的教育其實是不重視基本學問的。我們的老師考英文可以說考得很難，絕對不會去管學生的Be動詞有沒有錯，而且都考選擇題。選擇題選對的同學也不一定會寫出對的句子，所以老師其實是不知道學生犯如此嚴重錯誤的。很多教授嘲笑我說不該考學生如此簡單的題目，他們的理由是，入學考試不考這些東西。

我們也知道考試領導教學，因為不考基本的學問，老師們通常也不管學生學會這些基本學問沒有。孩子們其實是不知道自己犯了錯，這才是最令人感到悲哀的事。如果老師一再地考他們這些基本題目，他們犯了錯，老師一再地糾正他們，以後他們就不會再犯這種錯了。如果不糾正他們，他們會一輩子都搞不清楚什麼是正確的英文句子。他們可能在入學的英文考試中有不錯的成績，可是他們很有可能會犯基本的英文文法錯誤，而且這些錯誤都是非常嚴重、絕不能犯的錯誤。

我們博幼基金會的國一學生也做了這份考卷，我們的孩子平均對十五題，有一些他校的同學平均只對五題。我們的孩子也有錯，所以我把那些錯誤也列在下面：

1. Ken like milk.
2. I want play baseball.
3. Mother doesn't cooking now.
4. They don't run now.
5. Does Mike watch TV?

值得我感到高興的是，我們的孩子沒有犯奇怪的文法錯誤，這並不是表示我們的學生英文非常好，我們的孩子當初英文都是非常不好的，可是我們從來不考選擇題，而且一旦犯錯，就會有老師糾正錯誤。此外，我們的練習也非常之多。任何一個孩子如果每天游泳，當然他就會游得好。英文也是如此，每天一再反覆練習，他也不會犯太嚴重的文法錯誤了。我前幾天聽說，現在有學校的國一月考英文科已經全面仿照會考題型，基本文法句子的書寫是完全不理會了。以後這種問題可能會更嚴重。我還是希望政府官員能夠了解基本學問的重要性，希望他們能夠責成各級學校的老師注意學生的基本學問。不必考太難的東西，可是總不能讓學生寫出I am is teacher.這實在太不好了。

53. 博幼基金會英數檢定考卷上網了

博幼基金會有一個英文和數學的檢定考試，這個考試的考卷已經上網了，歡迎各位家長和同學去看這些考卷，也可以自己試試看。

http://www.boyo.org.tw/boyo/index.php?option=com_content&view=article&id=732%3A2015-06-29-04-04-22&catid=92%3A2015-06-02-02-17-48&Itemid=336

我們的考試有兩個特色：

1. 層層把關，也就是說，我們認爲每一個孩子在每一個學習階段都要及早知道自己的學業水準，不能太差。因爲在低年級的時候，如果就已經嚴重落後，以後的受教育就會完全在浪費時間。
2. 我們重視基本學力，我們不考難而且花俏的題目。也希望大家知道，現在的考試常常考得非常難，而完全忽略基本能力，所以，的確有一個最令我們擔心的現象，那就是一個孩子可以在會考的時候，英文考得不錯，但是他的英文文法其實是會犯嚴重的錯誤。

還有一點希望家長和同學們注意，如果你的孩子在數學的檢定考試中表現不佳，可以再試基礎卷。如果基礎卷也考得不夠好的話，那就要注意了。

對於英文和數學，我們都有很多的網站來幫助學習，我現在就列出以下兩個網站，對孩子是絕對有用的。

博幼基金會英文線上選題系統

http://mlab.cs.pu.edu.tw/pu_qb/

博幼基金會數學線上選題系統

http://mlab.cs.pu.edu.tw/pu_qb/math_index.html

最後我要向各位報告博幼基金會引以爲傲的成就，我們今年的國中畢業生，有百分之六十七的學生可以進入國立高中職就讀。即使進入私立的高中職，也都是相當不錯的。比方說，我們很多同學進入護專，護專大多數也都是私立的。也有很多同學進入私立的高工，這些高工的畢業生都會學到一技之長，而且這種一技之長也都是不容易學得會的。

我們能夠有這個還不錯的成績，乃是因爲我們一直有層層把關的檢定機制，而且我們的考試從不花俏，非常重視基本能力的奠定。

54. 不要忘了師生關係的倫理

最近勞動部把大學的一些工讀生、助理等等區別為「僱用型」和「學習型」，「僱用型」的助理都應該被認為是勞工，因此應該享有勞工的權利。這是出於法律的觀點，就法論法應該是沒有錯的，可是我也希望大家知道，學生在學校裡享有一種特別的地位，那就是他是一個學生。學生和老師之間有師生關係，這個關係不是根據法律來的，而是根據我們國家的傳統倫理。

當初學校設有很多的工讀生，也設立了很多助理，其中很重要的原因是，希望透過這種機制使學生能夠有一點收入，比較可以安心的唸書。學生在系辦公室或者校長室當工讀生，系主任也好，校長也好，也都不會給他非常沉重的工作，大多數的這類工讀生都還是有時間在工作之餘看書的。再比方說，我們很多教授要申請研究計畫，也是因為要照顧研究生，使他們不要完全依賴父母的資助。

就以我來說，我在靜宜大學和暨南大學，都和校長室的工讀生變成了好朋友，有一位成了我研究所的高徒，另一位雖然沒有上過我的課，可是也認為我是他的老師。當我被通知心臟要裝支架的時候，除了通知我的家人以外，也立刻告訴了這兩位當年的工讀生，有一位還立刻從南部開車來看我。所以我們學校裡面建立了工讀生以及助理的職務，實在不能完全說是雇主和勞工的關係。

我們國家有一個師生關係這種傳統，對於學生來講，這是一輩子都是很好的事情。因為大多數的老師都是非常關心學生的，學生畢業以後的成長以及他所遭遇的各種事情，老師其實都是很關心的。我們做老師的人都會替學生寫介紹信，幫他們找工作，這不是應盡的法律義務。如果我們這個社會一再地強調雇主與勞工之間的關係，恐怕有一點危險，因爲這破壞了幾千年的傳統，而這一個破壞對於老師和學生都非常不利。

我因此希望國家社會在注重法治的同時，也重視人與人之間的倫理關係。社會的和諧不能完全根據法律。我們大學有一個導師制度，學生如果出了車禍，他的導師一定會去醫院探訪，有時候遇上緊急狀況，老師也會在半夜出動。我曾經和一些美國教授談到這一點，他們大爲吃驚，也非常羨慕這種制度。可是他們認爲這在美國是絕對做不到的，因爲美國的教授認爲他在法律上沒有這種義務要在三更半夜開車去探訪出車禍的學生。我認識一位教授，他的確在午夜十二點開車去解決了一個學生的問題。在法律上，他是不需要這麼做的，他之所以如此做，完全是因爲他認爲自己是老師。老師應該幫助學生，這是我們國家的特色。

我最擔心的是，因爲這一件事情使得老師將工讀生和助理看成被僱用的人，而沒有將他們看成學生。我注意到有些大學很明白地說，以後他們要加重工讀生工作的強度，這使我非常擔心。本來大多數工讀生的工作是輕鬆的，並不是一直都在工作，以後工讀生的工作加重了，很多學生的學業反而又受到負面的影響。這種做法是非常不幸的，因爲學生和老師之間的關係會變得不太溫暖，學生也不會從工讀中得到金錢以外的好處。我很坦白講，這是値得我們注意的，學生需要老師的愛護。這種師生關係如果僅僅因爲一個法律問題而被淡化了，有一天我們總會回想起當年美好的日子。

【本文出自2015/8/2聯合報】

55. 我們博幼孩子的英文不錯吧！

我們都知道，我國有教育上的城鄉差距。我們博幼基金會成立的目的就是希望拉近這個差距。六年前，我去南投縣信義鄉看我們的課輔情況，就有一個小男孩英文表現得不錯，現在他已經是國二升國三的學生，請看他最近翻譯的兩篇文章。我覺得他已經不錯了，希望大家給我們博幼基金會一些掌聲。這個孩子一直都在非常偏遠的信義鄉唸書，有這種能力，不容易了。我們當然要承認，他的翻譯不算完美，畢竟他只是一個國中二年級的學生。第二段的文章是BBC網站上的文章。

"That's me," he said. I lifted my head to look at him, but what I saw was a healthy, happy boy. I couldn't believe a beggar could have changed so dramatically. "How is it that you look like a totally different person now?" I asked. He said, "Right now my spirit is speaking to your spirit. This body is a mere illusion; it doesn't really exist. When I was alive, I always envied people who had healthy bodies like this–that's why I chose this body. Haven't you noticed that our lips have never moved?"

「那是我」他說。我抬頭看著他，但我所看到的是一個健康、快樂的男孩。我簡直不敢相信乞丐可能已經改變那麼厲害。怎麼是你，看起來像一個完全不同的人？我問道。現在我的精神在和你的精神講話。這個身體是一個單純的幻想，它並沒有眞正存在。當我活著的時候，我總是羡慕有健康身體的人是這樣的，這就是爲什麼我選擇了這個身體。你有沒有注意到我們的嘴唇從來沒有動過？

It hit the island of Shikoku(四國島) late on Thursday, bringing torrential(猛烈的)rain. The broadcaster(廣播員) said at least 31 were hurt. Nangka(南卡) has since weakened and been downgraded to a tropical(熱帶的) storm, but officials(官員) have warned of continued strong winds and storms in the area.

它打四國島週四晚間，帶來猛烈的雨。廣播員說至少會有三十一人受傷。南卡因爲削弱，被降級爲熱帶風暴，但官員警告持續的強風和暴雨在該地區。

56. 培養大量閱讀習慣　提升學習效率

我一直很擔心我們的學生沒有大量閱讀的習慣。外國學生上語文課的時候並沒有什麼特別的教科書，而是由教師鼓勵他們大量閱讀。教師也會帶他們到圖書館借書，很多圖書館只要你借超過三本書，就會免費送一本書。我從前在美國唸書的時候，校門口有一間圖書館，常常看到教師帶學生來借書，有的年輕教師不夠凶，學生就在圖書館裡打成一團。有些年長的女教師非常凶，這些學生就乖乖的看書，眞是有趣。

前些日子我和朋友吃飯，看到同桌的一名小孩拿了一本書在看，我發現這個孩子就讀的學校規定他們暑假要看四十本短篇的書、四本頁數比較多的書。我就問他，這四本書是什麼書，得到的結果如下：

一、《魯賓遜漂流記》——約兩萬五千字
二、《長腿叔叔》——約五萬一千字
三、《他來自俄羅斯小城》——約五萬八千字
四、《大逃亡》——約六萬字

值得注意的是，這名小孩所住的地方是南投縣國姓鄉，國姓鄉就在埔里鎮的旁邊，應該算是偏遠地區了，可是顯然現在那裡的國小也開始重視大量閱讀，這是令我非常高興的事。我還曾經寫了一本書，叫做《大量閱讀的重要性》，不知道是不是這本書多多少少起了一些作用。

大量閱讀並不是我們中國人的觀念，因爲過去我們古人是主張精讀的，所謂讀聖賢書，所讀的書一定要是聖人所寫的，讀了之後要用紅筆作眉批。現在這個年代聖人不多，如果只能讀聖賢書，就只有讀古人的書了。

捨棄課外書籍　學習恐事倍功半

然而，我所提倡的大量閱讀還包含報紙和看電影，我也非常重視學生的國際觀，所以博幼基金會早就推出國際新聞網站，每週都會公布六十幾則國際新聞，提供學生參考學習。我們國家對於國際新聞實在不夠重視，非常令人遺憾，很多大學生連巴勒斯坦和巴基斯坦都搞不清楚；博幼基金會都會在每週一公布國際觀檢測題目，也是一種很有趣的學習。

爲什麼我要提倡大量閱讀，至少有兩個原因，一是增加學生的普通常識，有些學生不知道俄國首都在哪裡，也不知道柴可夫斯基是誰，更不用說知道伊朗人的宗教信仰是什麼。

另一個重要的目的是，我們的學生如果不常常讀課外書，他的閱讀能力會不好，也就是說，讀了一篇文章以後，有可能抓不到重點，比方說，學生看了一本偵探小說，搞不清楚大偵探爲什麼能夠破案；也許看了《達文西密碼》，不知道這本書與衆不同的觀點是耶穌結過婚，而且還有子孫。

我們可以想見，這樣的學生將來在唸書的時候，不論是數學、物理、歷史或地理科目，學習都會事倍功半，因爲他可能不大清楚所唸的課文是在講些什麼。

無法懂得題意　難發揮解題能力

我曾經發現有一名學生的數學學習總是出問題，後來才發現他根本是懶得看數學題目，往往隨便看了一、兩個數學名詞，就胡亂回答。我花了很多時間教他看數學題目，他慢慢的就有這個能力。

有一次，一名數學教師在考學生的時候，要學生暫時不要答題，而是由一名國文教師來解釋題意，國文教師懂得題目的意思，但不會做題目，在解釋題意以後就離開，果然學生開始會做那些數學題目，成績也比從前好得多。可見很多學生看到數學題目就會害怕，這當然也是因爲不大習慣於閱讀的原因。

普及求知風氣　盼編列圖書經費

我也認爲，在教學時，數學題目的確太長，這種數學題目其實是違反了數學精神。如果各位看到大學的數學題目，就會發現那些數學題目都是非常短的，所以我在此請求大家，實在不該把數學題目設計得太長，使得學生害怕數學。

總算有國小開始注意大量閱讀了，希望這樣的風氣能夠越來越普遍，尤其是偏遠地區的學生特別需要大量閱讀。而我也一直呼籲政府能夠編列預算，讓每一名小學生和國中生可以獲得一百元的圖書經費，但我講了幾十年，還尚未獲得政府的回應，這是非常可惜的。

57. 博幼做得不錯，請各位支持我們

博幼基金會專門替弱勢的孩子做課後輔導，也許大家會問，這到底有沒有用？我現在給各位講一件事，我們有一個英文和數學檢定考試，在埔里的國中二年級同學已經完成了這個考試。英文有兩種，是閱讀和寫作。數學只有一種。英文和數學均以七十分爲及格，現在我們把最後的統計資料告訴各位：

1. 英文閱讀和寫作，兩者都是百分之八十八通過
2. 數學百分之八十三通過

也許大家好奇我們的考卷是什麼樣子的，程度如何？我還是要在此強調，我們的考卷沒有選擇題，英文的閱讀也沒有刁難學生的問題，而是要學生看文章，然後將它翻成中文，寫作則是反過來，將中文翻成英文。數學試卷也沒有選擇題。

爲了取信於各位，考卷收附在後面（見第一五〇頁）。

雖然這些題目不能算很難，可是我們至少做到了一點，那就是我們絕大多數的同學已經學會了

最基本的學問。這也就是我們博幼基金會所希望能夠做到的。大家一定要知道，我們的同學當初都是相當落後的同學，現在我們可以大膽地說，他們將來是可以在社會上立足，而且也能對社會做出正面的貢獻。

我當然希望各位不要忘了我們是完全靠善心人士捐款的，今年我們要多支出一千萬元，因爲我們要支付勞保和勞退金。因此，我在這裡請求各位捐一點錢給我們，隨便多少都行，也希望各位能夠將我們介紹給別人。

01 博幼數學檢定-國中第1級

姓名：________________分數：________________

一、計算題(每題4分，共40分)

1. 計算$(-6)+[5\times(10-20)+3]=$

2. 計算$|3-5|\times(-2)=$

3. 求45，105，225的最大公因數。

4. 計算$4-3^2+5=$

5. $(3.4\times10^4)\times(2.5\times10^3)=$
(答案用科學記號回答)

6. 若$16^4=2^a$，請問$a=$？

7. 解方程式$5(x-1)=0$

8. 解方程式$\frac{x-3}{2x+1}=\frac{2}{11}$

9. 解聯立方程式$\begin{cases}4x+3y=11\\5x-6y=4\end{cases}$

10. 解聯立方程式$\begin{cases}\frac{2}{5}x+\frac{3}{5}y=6\\\frac{3}{5}x+\frac{2}{5}y=5\end{cases}$

二、應用題(每題4分，共60分)

1. 14與-4在數線所表示兩點的距離是多少？

2. 已知 $10\times11\times12\times13\times14=240240$，則 $(-11)\times(-12)\times(-13)\times(-14)\times(-15)=$？

3. 已知 44 和 32 的最大公因數是 4，求 44 和 32 的最小公倍數。

4. 有 10 包相同數量的糖果，若將其中 1 包糖果平均分給 25 名學生後，剩下 2 顆。將此 10 包糖果平分給 25 名學生，則剩下多少顆糖果？

5. 有一個二位數可同時被 2、3、7 整除，則滿足此條件的最小正整數為何？

6. 已知 $a=1.6\times10^{9}$，$b=4\times10^{3}$，$a\div b=$？

7. x 的 4 倍加 1，與 x 加 10 所得的結果相同，試求 x 之值。

8. 媽媽今天給幼幼 x 元，幼幼買了 3 瓶每瓶 15 元的飲料及 2 包每包 22 元的餅乾，還剩下 11 元，請問媽媽給幼幼多少元？

9. 丟銅板遊戲，丟出正面得 3 分，丟出反面得 2 分。小華共丟了 26 次，得 68 分，請問小華共丟出幾次反面？

10. 若 $x+4y=6$、$5x-y=9$、$3x+ky=12$，有相同的解，請問 $k=$？

11. 若聯立方程式 $\begin{cases}3x-2y=11\\2x+3y=\square\end{cases}$ 的其中一解 $x=7$，請問 $\square=$？

12. 直角座標平面上，有二條直線方程式：$y=2x$、$y=3x+1$，試求其交點座標。

13. 找出在直角座標平面上，與直線 $y=3x-1$ 平行，且通過點 $(1,-2)$ 的直線。

14. 座標平面上有一直線 L：$3x-5y=-30$。求此直線與 x 軸、y 軸所圍成的三角形面積。

15. 直角座標平面上，若二點 $A(6,1)$ 與 $B(a,1)$ 互相對稱於 y 軸，求 a 之值。

01 英文檢定-第3級閱讀卷

姓名：________________　　　　分數:______________

一、短文翻譯(4篇短文共25句，每句4分，共計100分)

It's raining now. I forgot to bring my umbrella to school today, and my sister, too. We call Mother, but she is not at home. She is still working in the hospital. We will stay in the library and wait for our father. He is on the way to the library. When will the rain stop?

I got a letter from my friend in Japan. Because I couldn't understand Japanese, she wrote a letter to me in English. She said Japan had a big party in the park last week. All of her family went to the party and enjoyed it very much. There will be another party for kids next week. She will tell me more in the next letter.

Do you like cheese? We eat cheese in many ways. For example, we eat cheese with toasts. Or we can make cake with cheese, and then add some cream on the top. Some people don't like the smell of cheese, but my mom likes cheese food a lot. There are many delicious food with cheese in the market. What is your favorite cheese food?

____

____

____

____

____

____

John saw the movie 'Happy Hour'(歡樂時刻) last Sunday, but Tina didn't. What did she do last Sunday? She was sick and stayed at home. Her mother took her to the hospital and got some medicine. She feels good now, and she will see the movie with Amy next Saturday.

____

____

____

____

____

____

【試題結束】

01 博幼英文檢定-第 3 級寫作卷

姓名：______________　　分數:____________

一、短句翻譯(每題 4 分，共計 100 分)

1. 她的女兒現在正在吃早餐嗎?

2. 我現在不在家。

3. Allen 明天會去拜訪他的阿姨嗎?

4. 你上個星期四在做什麼?

5. 你媽媽覺得這隻小狗如何?

6. 他的哥哥沒有許多好的電腦遊戲。

7. 你以前是位出名的歌手嗎？

8. 你將會在放學後打籃球。

9. 她最喜歡的商店在哪裡？

10. 我們上個星期日去動物園。

11. 我父母不喜歡看電視。

12. 我以前有一台鋼琴。

13. Jim 和 Tina 是兄妹。

____

14. 他們上個星期二在公園裡找到一顆球。

____

15. 桌子上有許多書本。

____

16. 那位女孩是誰？

____

17. 你每天聽音樂嗎？

____

18. 我們的姐姐什麼時候會搬去日本?

____

19. 我們的房子很大和很乾淨。

____

20. 這以前不是她的房子。

____

21. 我們每天看電視。

____

22. Allen 喜歡唱歌。

____

23. 你的爸爸是位醫生嗎？

____

24. 哪一枝筆是你的筆？

____

25. 桌子上有兩瓶水。

____

【試題結束】

58. 如何減輕國中生升學壓力

最近政府和社會又在關心十二年國教問題，我相信政府知道十二年國教並沒有減輕學生壓力，所以有重新採計在校成績的想法。雖然很多家長反對，但我要指出，在十二年國教施行以前，國中生升高中是有完全免試的，採計在校成績也可以升學。以博幼基金會的學生為例，當時有百分之七十的學生免試進高中職；值得注意的是，我們的學生都是想要進社區高中職，並沒有想要進明星高中。這種免試管道對於這種孩子是非常適當的，如孩子程度相當高，一心一意想要進明星高中，當然不太可能用這種管道。

當時有很多沒想進明星高中的同學是可以免試升學的，不知何故，教育部官員們說，我們不該讓那些不想進明星高中的學生被迫要和那些想進明星高中的同學一起玩，所以廢止了當時的免試升學，同時也使得那些本來可以免試升學的同學一定要參加會考，一定要陪那些想進明星學校的人一起玩。為什麼會有這種充滿矛盾的做法？至今仍是一個大謎團。

如果想進明星學校，總要經過考試的，如果一個人將目標訂得非常高，就必須承受某一種壓力。我們總不可能在非常輕鬆的狀況下能夠推舉一百公斤，也不可能每天都不練習而能成為傑出的鋼琴家。我們都羨慕傑出的科學家，但這些非常有成就的科學家都是非常用功的。麥斯威爾的成就很少人能夠和他相比，他在他的書中引用了一百多位當時物理學家的實驗和結果，可見他有多麼用功。

有些人成天想要把孩子送入建中，又不願意讓孩子承受壓力，這是不可能的事。但是我們也不妨想想看，是不是可以減輕目前給予所有孩子的壓力。會考以前是基本學力測驗，不知何故，教育部當時要減輕升學壓力，卻宣布會考題目要比基測的難。

我們不妨回頭去看民國四十三年新竹中學的高中入學考題，其中最難的就是以下的中翻英題目：

(1) 我們學校沒有女生。
(2) 因爲下雨我們不能去了。
(3) 你爲什麼要來這個學校？
(4) 十月十日是我們的國慶日。
(5) 你願意和我去游泳嗎？

這些題目是相當基本的，更應該注意的是，新竹中學是招收菁英的學校；一女中更是招收菁英的學校，但它當時的入學考題也遠比現在會考容易。民國四十三年要進入初中（現在的國中）要考試，所以當年能考高中的同學已是被篩選過一次，可是當時的明星高中卻沒有出非常難的題目。

要採計國中在校成績，要實施恐怕也要等三年以後，所以目前會考大概是不可能廢止的。但教育部至少應好好檢討會考題目，將難題減少到五分之一，其他題目不妨全是基本題目。教育部可以做各種模擬考試來看如何使得明星高中仍能夠選拔出菁英，但又能使大多數孩子只需要注意基本功夫。如果會考非常重視基本功夫，會使得我們的學生有眞正的學問，也不至於成天被迫解難題。我相信這樣做，總會減少一些升學的壓力。

【本文出自2015/10/6聯合報】

59. 博幼基金會有百分之七十二同仁可以看得懂BBC英文新聞

我們常常說國人應該有國際觀，可是如果英文不好，也談不上有什麼國際觀了。要看得懂英文新聞網站是一件非常重要的事，我們最近舉行了一個英文檢定測驗，受測者要看兩篇英文新聞，可以查字典，然後將它翻譯成中文。這兩篇文章如下：

博幼全體員工英文檢定卷—9/22

部門：＿＿＿＿＿＿＿＿ 姓名：＿＿＿＿＿＿＿＿

一、短文翻譯（二篇文章翻譯完整程度平均達百分之八十即爲通過）

The gadgets were already prohibited on rides but now visitors will be asked not to bring them to the parks at all. A spokeswoman told the BBC: “Handheld extension poles have become a growing safety concern for both our guests and cast.” The ban comes into effect at Disney parks in the United States on June 30th. The long arm of a selfie stick helps users take a better self-portrait, but there are fears that they could cause injury when the pictures are taken.

The shrine in Bangkok was hit by a deadly explosion on Monday and reopened to the public on Wednesday. At least 20 people died and some were injured in the attack on the Erawan Shrine, which is popular with Thai Buddhists. Thai police say the main suspect is a young man seen entering the shrine with a backpack then leaving without it.

Prime Minister has said the incident was ever the worst attack on Thailand. In another attack on Tuesday, an explosive device was thrown at a pier in Bangkok. No one was hurt, but the authorities have not ruled out a link between the incident.

值得我們高興的是，有百分之七十二的同仁考過了這次檢定。我深信只要再過幾個月，大概總會又有相當多的同仁可以通過這個測驗。我們之所以會有這麼多的同仁有這種英文閱讀的程度，是因爲很多同仁都自願的替博幼將英文新聞翻譯成中文。每一個星期都要做這種翻譯的工作，時間長了以後當然就會有這個能力。不僅如此，我們的同仁也被鼓勵去看靜宜大學製作的國際英文新聞導讀影片（http://www.boyo.org.tw/boyo/index.php?option=com_content&view=article&id=740:2015&catid=93:2015-07-23-08-24-03&Itemid=340），這個網站對我們同仁的幫助非常之大。我們國家絕對應該注意成人教育，教育不能在二十幾歲以後就終止，也絕對不能只限於學校教育。博幼基金會就是根據這個想法，設法使得我們的同仁在工作的同時也有知識上的成長，英文是我們同仁成長的一部分。如果我們國家有百分之七十的人民看得懂英文國際新聞，我們國家人民的國際觀就會大大地增進。也許全國人民的百分之七十是不容易的事，但是至少政府要希望全國的大學生、公務員、軍官都應該有百分之七十具備看得懂國際新聞的能力。這也不難的，我希望大家知道，一個人的英文閱讀能力也不是一天就能夠提高的，而是要不斷地每週閱讀新的文章，久而久之，一定會有顯著進步。我們當然不能以此爲滿足，對所有已經通過這次檢定的同仁，我們可能會有更難的檢定，也許將來我們會從一本狄更斯的小說中選一段出來，看同仁看不看得懂，因爲能夠看得懂英文小說也是一件好事。

60. 十二年國教……中段生焦慮　後段生放棄

根據師大心測中心的研究，十二年國教的結果，對於前段班學生沒有什麼影響，中段班學生的壓力最高，而後段班學生的壓力減低。令我訝異的是，這個結果還要經過心理焦慮反應、認知及行爲反應和社會期待及社會比較知覺的三向度分析才能得到。其實十二年國教一上路，大家就知道這是必然的結果。

對於前段班的學生，反正怎麼考，他都不怕，因爲他們是聰明的孩子。中段班的學生就辛苦了，在過去，每一門課的分數從一百分到零分，如果考八十分和考七十九分，只差一分，所以也無所謂。現在不同了，考八十分也許是A，七十九分可能就是B了。A是六分，B是四分，這對於學生來講，其實是天差地別，當然學生會緊張。何況中段班的學生之中，有些同學還害怕另一個極端，那就是一不小心變成C，只有二分了。

還有一個問題，就是塡志願要倒扣，在過去是沒有這種現象的。現在對於中段班學生來講，他該如何巧妙地塡志願變成一大問題，如果志願太高，就可能被扣分扣得一敗塗地，塡得太低又會心有不甘。所以，十二年國教當然會對絕大多數的中段班學生造成焦慮。

最嚴重的，恐怕是後段班學生壓力減少了。在過去，後段班學生心知肚明他不可能進建中，可是只要他在學校裡很用功，在偏鄉小學裡是前幾名，多半可以經由免試升學進入社區高中職。所以有很多學生雖然不是很聰明的，他們會在學校裡努力用功。

現在免試升學被取消了，同學們一定要參加會考，而且教育部長也宣布會考的題目要比基測難，所以每次會考的結果，英文和數學都有三分之一的學生拿到C。要知道，考三十分也可能拿到C，考0分也是拿到C，對很多的學生來說，他不論怎麼樣用功，大概都會拿到C。偏鄉學校有多達百分之七十的學生英文和數學拿到C，久而久之，這些偏鄉的學生發現他唸不唸書反正都拿到C，當然壓力就減輕了。這還要研究嗎？

十二年國教實在應該要改革了，如果這樣下去，大多數的國中生是生活在不安之中，因爲他們是中段班學生。說實話，很多這種學生也對政府失去了信心，家長也對政府失去了信心，認爲本來好好的制度改來改去，改成這個樣子，也完全不能夠了解爲什麼政府要做這種事情。

對於後段班學生，雖然說壓力減輕了，可是他們所得到的羞辱其實是相當嚴重的，很多高中被迫要接受衆多拿C的學生。

我一再建議會考題目不要太難，只要少數的難題就足以選拔菁英分子。大多數的題目應該是基本題，這些基本題也不妨有一些難易之分，但總不能夠使得全國三分之一的學生被貼上標籤，說是英、數不及格。這種想法，教育部可以很快地做一個模擬，看看是否能夠達到選拔菁英分子，而又使得後段班學生有一些基本的分數，讓他們不至於完全喪失信心。這應該是很容易的事，希望不要再去做研究了。

61. 我們的時代變了，但孩子要學的科目沒有變

我最近寫了一封信給那些負責我們國家課綱的教授，其實我不知道他們是誰，所以到底他們收不收得到，我也無法知道。但我認爲我的想法是重要的，因爲很多孩子不夠聰明，不可能在國中三年級學這麼多的數學，但是現在的課綱和從前的課綱沒有什麼太大的差別，可以說更加難。當年的國中生是經過考試進去的，都有一定的程度，也會比較聰明，現在我們的國中生沒有經過任何考試，其中有很多的孩子是無法在國中三年級學會這麼多東西的。可惜絕大多數的教授不能了解這件事。以下是我所寫的信：

各位教授：

我一直在教小朋友唸書，主要的是數學和英文。令我有一陣子感到困擾的是，很多國一的學生對於一元一次方程式是搞不清楚的。有些同學連最簡單的都不會。可是我回想當年我在成功中學也學過一元一次方程式，我們全班同學都覺得這是很容易的玩意兒。因此我就問

一個問題，為什麼現在很多小孩不會一元一次方程式？

要知道，當年我是經過考試進入成功中學初中部的，現在的學生是免試進入國中的，所以他們中間有很多的孩子不很聰明，但是所學的科目絕對不亞於我在民國四十三年初中一年級的數學科目，難怪他們學不會。

目前我們的國中生一年級上學期要學(1)正負數、(2)指數、(3)科學記號（十的負十一次方）、(4)最大公因數、最小公倍數、(5)分數運算、(6)一元一次方程式。一學期大約只有十八至二十週，要學這麼多的東西，不僅沒有一樣學會，最嚴重的是，一元一次方程式學的時候已經到了學期末，學生根本沒有學好就要在下學期學二元一次方程式。一元一次都沒有學好，二元一次也不用談了。我希望各位教授能夠到偏鄉去，和那些沒有家教、沒有補習班、隔代教養的孩子們聊聊，看看他們到底在國中一年級的上學期，任何一個單元學會了沒有。

我總希望各位知道，我們的孩子中間是有不夠聰明的，也不可能請家教、進補習班，或者找家長問。但是我們的國中一年級上學期要學這麼多的東西，他們怎麼學得會？我當年國中一年級的時候，不管指數和科學記號，現在想起來是因為這兩個玩意兒和一元一次方程式毫無關係，我們那個時候的重點全部放在正負數和一元一次方程式上。我們還是聰明的孩子，學的比較少，現在我們要教一些不聰明的孩子，反而學的要多，真是令我不解。

還有一件事，我從前在國中的時候，從來沒有學過直線方程式和拋物線的方程式，我記得我是懂得斜率以後再學直線方程式的。當時我們高中有一門課叫做解析幾何，專門教這些東西。我到現在還記得當時教我的老師是林民和老師，他教得非常好。可是現在小孩子要在國中的時候就要學這些東西，我實在很納悶這是怎麼回事。我常常感覺到小孩子不懂斜率就要學直線方程式，常常題目就做不好了。

我要再說一次，從前我唸成功中學的時候是考試進去的，學的東西比較少；現在進國中是不需要考試的，反而要學很多東西。那些不聰明的孩子吃得消嗎？

拜託各位好好地檢討一件事，我們的小學和國中數學的課綱，要不要好好地研究一下。最重要的問題是，這種課綱適合全國學生嗎？我本人一直在輔導弱勢的孩子，已經長達二十年之久，各位能不能也親自花很長的時間，教教一些偏鄉的孩子？有了這種經驗，總不是壞事吧？

祝

好

李家同

62. 博幼對社會的新貢獻　一元一次方程式應用題的影音解釋

有些孩子雖然會解一元一次方程式，但往往不會做一元一次方程式的應用題。比方說下面的題目：

> 一杯珍珠奶茶比一杯紅茶貴五元，全班同學買了十五杯珍珠奶茶和五杯紅茶，總共花了二百七十五元。請問一杯珍珠奶茶多少錢？一杯紅茶多少錢？

像這種題目對初學的同學來講，仍然是不太容易的，所以博幼基金會花了很多時間將四十個一元一次方程式的應用題詳加解釋，而且拍成了影片。這些影片可以從以下的網址看到：

http://www.boyo.org.tw/boyo/index.php?option=com_content&view=article&id=764%3A2015-10-25-04-54-57&catid=62%3A2010-12-18-16-29-20&Itemid=83

我已經請很多國中老師看過，他們都很喜歡這些影片的教學。各位家長和老師如果有孩子在國中的話，歡迎使用這個網站。這些影片也有光碟版，可洽博幼基金會教材組(04)2631-0416。

63. 弱勢孩子最需要的是不錯的基本能力，而不是能夠進入頂尖大學

最近教育界又在討論一個話題，那就是我們的頂尖大學台清交成所收的弱勢學生非常之少，因此，政府以及這些大學都紛紛提出一些辦法，說是要經由這些辦法來增加弱勢孩子的數目。我對於這一個事件感到非常憂心，我認爲這充分表示了我們教育界不了解弱勢學生的需要是什麼。

我們都知道弱勢學生之所以不能進入台清交成，不是因爲台清交成的學費太貴，而是因爲弱勢孩子的學業程度不夠好，所以才進不了這些頂尖大學。如果我們用方法使他們勉強入學，絕對是害了他們。他們可能在學校裡完全跟不上，或者每次考試都墊底，雖然當初是好意，最後他們變成了受害者。

令我訝異的是，爲什麼我們如此地看重弱勢孩子能不能進頂尖大學的問題。十二年國教不是一再強調學生應該就近入學，充分地表示了教育部不鼓勵大家進明星高中，卻又認爲能夠進明星大學乃是非常重要的，這不是互相矛盾嗎？能夠進頂尖大學的確是一件好事，可是如果沒有能夠進入頂尖大學，也不會有什麼太大問題。全國只有少數人能夠進入頂尖大學，其他沒有進入頂尖大學的學生，很多都能在社會上生存，相當多的人還表現得非常之好。

我們該注意的是弱勢孩子之中，有沒有程度極差的學生，這些學生不要說能不能進頂尖大學了，即使進普通大學，也可能跟不上。教授沒有辦法教他們，勉強畢業，他們就業會非常困難。我們應該很誠實地面對現實，因為廣設大學又加上少子化的緣故，很多程度非常不好的高中畢業生也都進入了大學。大學總是有一些程度上的要求，如果你程度非常不好，無論哪一個大學都無法幫你的忙。

所以，我認爲我們要幫助弱勢的孩子，也就是所謂低收入戶的孩子，我們不能將他們設法送入大學就說問題解決了，我們應該很誠實地問一個問題，在衆多的低收入戶家庭中，他們的下一代是不是在學業成就方面是比較落後的？一個家境非常好的孩子當然比較容易書唸得好，因爲父母可以教他，也可以請家教教他。再加上也可以將他送到補習班，更重要的是這種家庭的孩子，所受的文化刺激比較多，普通常識也會比較好，所以，自然而然的學業成就會比較好。

重要的是，弱勢孩子的程度可以進不了明星大學，但是絕不能太差。政府應該做到的是要保證我們全國的學生都有相當不錯的最基本能力，尤其在國文、英文、數學上。我們可以說，在教育方面不患不均，但患目不識丁。當然目不識丁不是眞的目不識丁，而是程度太差。遺憾的是，政府並不能夠正視這個問題，卻想在升學制度上幫他們的忙。如果弱勢孩子都有相當不錯的基本能力，即使沒有一個能夠進入台清交成，也不會有什麼問題的。如果有大批的弱勢孩子沒有什麼基本能力，但是有少數的弱勢孩子進到了台清交成，難道這就表示我們的問題解決了嗎？

64. 台大醫技爲何申請入學招不到學生？

我從前唸大學的時候是聯招，考完以後塡志願，塡志願非常簡單，按照我們喜歡的學校一路排下來。考得好的人可以進入他想唸的學校，考得不太好的人只好進入後面幾個志願。大家都不會有什麼埋怨的地方，學校也不會找不到學生。

現在我們的大學入學制度就複雜了，學生先要考學力測驗，這個考試結束以後，學生會知道他是什麼等級，最高是七十五級分。學生看到成績以後，就去申請入學，每人只能塡六個志願。

對於頂尖的學生，這六個志願沒有什麼困難；對於級分非常低的同學大概也沒有什麼困難。對於絕大多數中間級分的同學，如果他塡的科系是他非常喜歡的，但是非常熱門，他一定申請失敗。他如果爲了保險起見，就會塡幾個所謂後段班的學校，他一定會以爲這是正確的做法。以我輔導的一個學生爲例，他就塡了這一類的學校，反而連面試的機會都沒有。讓他面試的是明星級的學校，可惜他最後沒有成功，結果只好再去指考。

爲什麼後段班的學校會不要他？這是很容易解釋的，對於後段班學校而言，他們要收的學生是那些一定會來入學的學生。如果他們看到一個學生考的分數還不錯，他們就會懷疑這個學生將他們學校作爲備胎。如果能進較好的學校，學生就不會來就讀了。所以有些學校爲了安全起見，只好放棄那些級分比較高的學生，如此可以比較有把握，不至於招收不到學生。

今年的申請入學，有很多明星大學的科系一個學生都不來報名。比方說，台大的醫技系就是一個例子。他們錄取的學生都是級分非常高的，可是學生將這個科系視爲備胎，所以他們在申請入學的招生方面完全失敗。還有一所非常好的大學材料系也同樣遭遇相同問題，在申請入學方面招不到學生。

前段班大學在申請入學方面找不到學生，表示這個制度絕對是應該檢討的。對學生而言，這是一個賭博，如果他知道其他同學如何塡志願，他就可以選擇安全的學校塡志願。可是他不知道其他同學如何塡志願，更糟糕的是，他們不知道那些大學如何選擇學生。

對大學而言，他們的困擾是他們並不知道學生是否眞正想唸這所學校。當初設計這個制度的偉大學者一再聲稱這種做法不會使學生盲目地塡志願，而會選擇他喜歡的科系。其實絕非如此，因爲很多學生爲了要有一個學校進，他就會塡一些志願作爲備胎。連台大醫技系都被學生的備胎辦法擊敗，難道將來醫技系選學生的時候，也必須選一批級分差的學生以作爲他們的備胎？這實在是天大的笑話。

這種制度用爾虞我詐來形容，應該是正確的，我看不出這個制度有什麼好處。好的科系不一定找得到好的學生，程度還不錯的學生申請一所並不是熱門的學校，也不一定能夠有面試的機會。我建議大幅度地修改這個制度，至少可以參考科技大學如何辦理申請入學的，他們的制度簡單得多，也沒有爾虞我詐的情形。

【本文出自2015/11/23聯合報】

65. 再談禮記「不陵節而施之謂孫」

我最近常常被人問到，我的孩子在國中唸書，對數學沒有興趣，怎麼辦？我認爲這是因爲我們的數學課綱內容非常豐富，對於不夠聰明的孩子來說，這是太難了。所以，我希望負責課綱的教授們注意這件事，希望他們知道有些孩子是不可能在國中時代學到這麼多東西的。可是我也知道自己講的話大概沒有人會聽，所以，我只好請大家自力救濟了。

我們其實應該看看古人怎麼講的，《禮記》上有一句話：「不陵節而施之謂孫」，意思是說，我們所教的東西不要超過學生的能力範圍，也就是說，我們要使孩子們學到一些基本的東西。難的東西就要看孩子的能力，實在太難就不必教了，因爲教也沒有用。

我在此建議各位利用博幼基金會的數學網站（http://mlab.cs.pu.edu.tw/pu_qb/math_index.html），家長們會發現裡面有非常基本的題目，所以孩子們可以做那些基本的題目。根據我的經驗，絕大多數的孩子都會做這些題目。家長不妨鼓勵他們去做那些基本的題目，難的就適可而止了。

最近有一個家長和我說到他的孩子在學校裡考不好，所以就非常沮喪。但是因爲發現了博幼基金會的數學網站，這個孩子就非常高興，因爲他會做很多的題目。這些題目在學校是不考的，所以他在校的成績仍然不好，可是這個孩子告訴他的媽媽說，他會做很基本的題目，僅僅是不會做刁鑽的難題而已。他也告訴媽媽，他將來一定可以在社會上生存。

我當然希望我們的教育界可以因材施教，教育部也一再用適性揚才來形容他們的教育政策，說實話，我看不出來他們的政策如何能夠適性揚才。可是至少我認爲我們博幼基金會是給學生一些信心，使他們知道他們將來在社會上是可以立足的。各位讀者眞的可以好好利用我們的網站學習，這絕對對於相當多的孩子都是有用的。

66. 爲什麼我現在有把握絕對可以將孩子教會一元一次方程式

在過去，我曾經有過一個很不好的經驗，有兩位我教過的學生硬是不會一元一次方程式，這件事情使我非常難過，我總覺得我對不起他們。但是我今年又教一批國一的學生，我感到非常高興的是，他們都毫無困難地會解一元一次方程式了。這應該感激博幼基金會的網站。

我所使用的博幼基金會網站是http://mlab.cs.pu.edu.tw/pu_qb/math_index.html

爲什麼這個網站幫了我大忙？首先，這個網站提供了八個步驟來讓孩子先做一元一次方程式的準備工作。大家不要以爲這是很沒有道理的事，其實很多小孩連化簡一個式子都不太會。比方說，以下的式子就是可以化簡的：

$$64-[3+2(x-1)]=$$

當然這是比較複雜的，這個網站最好的地方是化簡的練習就有八級，每一級又分爲好幾個小級，所以八大級其實一共有二十三級。再不聰明的孩子，經過這樣子的練習，絕對可以開始學一元一次方程式了。

可是一元一次方程式又分十級，每一級裡頭有很多小級，一共有二十二級。從最簡單的到最難的，以下是第一級第一小級的題目：

$$X + 5 = 8$$

下面是最後一級的題目：

$$\frac{ax+b}{cx+e} = g$$

這個網站的基本原理就是循序漸進，如果聰明的孩子可以跳級，多數的孩子不需要一小級一小級的練習，但也有一些孩子不是很聰明，他的學習時間要拖得比較長，這時我們的小級制度就有用了。比方說，我們的第一級第二小級的題目是像下面這種：

$$x - \frac{1}{7} = \frac{3}{4}$$

循序漸進是最好的方法，再不聰明的孩子用這種策略來教，至少最基本的學問是學會了。過去沒有這個網站的時候，我自己出題目，弄得手忙腳亂，而且出的進度還是太快了一點，害得兩位同學沒有學會。今年用這種進度，孩子們都覺得一元一次方程式一點都不難。所以我非常感激博幼基金會，我以後教小孩一元一次方程式，絕對不會有什麼問題。

信不信由你，我現在有一位五年級的學生，他已經可以解一些一元一次方程式了。他不是什麼極聰明的孩子，我也不是什麼厲害的老師，我有了這個網站，他就學會了。

歡迎大家使用這個網站，這是完全免費的。

67. 基礎沒學會　學生怎有競爭力

最近很多教授發現學生英文文法錯得非常嚴重，有一位教授告訴我，他有一次看到一些高中學生寫的英文文章，令他大吃一驚，因爲裡面有一些錯誤是很可怕的。比方說：may going, teached, can played, they is, she are, I'm watch, is make the battery等等。他知道這些學生當初在會考的時候，排名大概在前百分之三十，也就是說，至少有百分之七十的同學是比這些學生還要差的。從這個例子可以看出來，我們國家至少有百分之七十的高中畢業生會犯嚴重的文法錯誤。這是一件嚴重的事，在我看來，政府不該不重視。

爲什麼會發生這種事情？這些基本的文法是很容易了解的，只要老師注意，學生一定學得會。現在學生不會，乃是因爲現在很多的老師沒有強調這些基本的英文文法。再問下去，那就是爲什麼這些老師不強調英文的基本文法？道理很簡單，現在的會考以及過去的基測都不重視這些。

英文會考的題目實在夠難了，可是裡面最基本的問題卻不多，比方說，兩個動詞不能連在一起，助動詞do的後面一定要用原式等等。因爲這些基本文法考不多，老師只好花很多時間教學生更困難的東西。也害得這些學生並不知道他們所寫的句子裡頭犯了嚴重的英文文法錯誤，他們順利地進入高中，又順利地進入大學。到了大學，教授們束手無策，因爲大學教授是不該管這些事情的。

所以，我總是一再地懇求我們的教育應該注重基本面，不要搞花拳繡腿，學生基本工夫不好，對他們來講，一輩子吃虧。反過來說，孩子的英文基本文法不會犯錯，將來無論會話或者寫作，都不會有太大的問題。我們現在如果教學生寫英文作文，講了大半天理論，結果發現學生根本就犯了嚴重的文法錯誤，我們如何教他們？

博幼基金會每年總要招考一批課輔老師，有很多大學生來應徵。可是相當多的大學生英文文法錯得離譜。這使博幼的老師們感到難過，因爲沒辦法請他們做課輔老師。各位想想，做博幼的課輔老師是要能教小學生，這些大學生連教小學生的能力都沒有，他們有什麼競爭力呢？當然，我還是要強調，這不能怪大學，我們必須要追根究柢的問一個問題，我們在學生的國中階段有沒有注意到最基本的英文文法？

回到教育基本面，是一個不屬於主流的看法，官員都在講一些新的教學方法，我總希望官員要知道，老師怎麼教，似乎應由老師決定，政府不必告訴他如何教，但政府不能夠不重視學生有沒有學到最基本的學問。學生有權利學會最基本的學問，老師有義務教會學生最基本的學問，政府官員有責任保證學生學到了最基本的學問。如果學生沒有學到最基本的學問，他們將來就不會有競爭力，我們對不起他們。

68. 博幼基金會的題題計較

我們一般學校的考試考完以後，學生拿到了一個分數，校方拿到一個報告，報告上註明每一位學生考試的分數，也會做一個統計，這個班上有多少同學不及格、平均分數是多少等等。

但是，我們博幼基金會不僅如此，還會看到一份報告，那就是每一個學生答對以及答錯哪些題目，也有一個統計，那就是每一個考題答對人數的百分比。因此，我們的老師們就知道有哪些部分是學生仍然不太了解的，接下來的就是將這些部分好好地再講清楚。

現在我舉個例，有一個題目討論到兩條直線方程式$y = 4x + 6$和$y = 4x - 6$，然後問這兩條直線是否相交、平行、或者重疊。答案當然應該是平行，可是我們發現有不少同學搞不清楚這一點，所以我們也就決定要再向同學解釋這些觀念。

爲什麼我們可以有這種報告？乃是因爲我們博幼基金會是非常重視利用電腦的，如果沒有電腦，我們很難想像這種報告如何做出來。但是有了這種機制以後，我們可以非常清楚地掌握學生的學習情形。

爲什麼我們特別重視電腦？道理很簡單，董事長是學這一行的。

69. 愛與專業，可以創造幾乎像奇蹟的事情

我們辦教育的人，其實就是希望我們的學生能夠一直有進步。可是有的時候，很多老師會感到挫折，因爲孩子有些奇怪而改不了的習慣。比方說，小孩子都用奶瓶喝奶，而且很多小孩也只會用奶瓶喝奶，但是絕大多數的小孩都很容易地通過戒奶階段，當然有一些孩子是有問題的，他們用奶瓶進食的習慣一直改不掉。我們國家有很多老師在從事一種非常艱難的工作，幫助一些智力有問題的孩子。我很幸運知道這些事情，所以我決定和大家分享一些絕對會使大家感動的故事。

有一個孩子十五歲了，還只會用奶瓶喝奶，其他什麼食物都不會吃，當然也不會咀嚼，更不要談用湯匙吃飯了。在新竹的晨曦發展中心，以三年的功夫使得這個孩子現在可以用湯匙進食了。我相信任何人看了以後都會發現，要幫助這些特別的孩子，我們需要愛，但是僅僅只有愛是不夠的，我們需要專業。所謂專業，也不完全是來自書本上的知識，而是要利用長時間的經驗，發展出一些客製化的器材。

請看下面的故事：

財團法人新竹市天主教仁愛社會福利基金會成功案例分享（小惠）

案例概況	1. 小惠國中特教班畢業之後，來到仁愛基金會附設晨曦發展中心。當時雖然已經十五歲了，但極重度智能障礙的她，不具備任何自理能力，連喝水都是躺著用奶瓶喝——原來因為家長照顧與訓練能力的不足，小惠一直都只用奶瓶喝水和牛奶，幾乎沒吃其他食物。 2. 小惠家人之所以未提供水及牛奶之外的其他食物，其實是因為她沒辦法吃：用湯匙餵任何食物到她口中，她都用舌頭推出去。 3. 對於以服務成人障礙者為主的工作人員而言，小惠有如一位會走路的大嬰兒，唯一的能力是抱著奶瓶進食，連伸手把奶瓶拿過來都無法自己做到。顯然所有服務當中，飲食的能力和內容，是當時最重要的一項。
問題	1. 進入中心時，小惠接受專業團隊評估，營養師發現小惠營養不良且飲食能力太弱，甚至排斥牛奶以外的食物，因此需要先讓小惠願意接受及攝取多元、均衡的飲食。 2. 職能治療師評估小惠的進食能力現況和限制，認為小惠雖是極重度障礙者，但有相當於一般四至六個月嬰兒的智能，也沒有神經系統的問題干擾動作功能，雖需要支持但仍然具有「坐起來使用一般餐具進食」的潛力，目前「躺著、抱奶瓶喝奶」的表現，實在距離她「青少年」的角色太遙遠了，也太可惜了。
困難點	1. 小惠未能咀嚼食物、連使用奶瓶也是用舌頭上頂來壓出奶汁，且較排斥牛奶口味以外的食物，也無法從湯匙或杯具中攝食。 2. 小惠肢體功能受智能影響，甚少伸出碰取物品，也無法抓握物品操作，因此也不會握湯匙，也不會使用湯匙的所有動作。 3. 小惠習慣躺著喝牛奶，從未坐著進食，也無法透過模仿他人而習得動作。

<table>
<tr>
<td>處理方法及過程</td>
<td>
階段一：感官動作訓練期
(1) 口腔動作訓練及感官經驗擴充
①擴充味覺經驗：發現午餐時，小惠進食動機較高，營養師把午餐打成液狀，讓小惠嚐試牛奶以外的食物。一開始小惠有點排斥，因此教保員略延後用餐時間（約到十二點半），再次提供午餐，因爲生理需求（肚子餓）使得小惠願意嚐試。經過一周後，小惠就未再排斥、直接接受了。
②咀嚼訓練、閉唇動作訓練、舌頭後縮吞嚥訓練——這些訓練每日至少各二次，於非用餐時間進行。咀嚼訓練先從門牙切斷食物開始訓練，再訓練臼齒咀嚼；閉唇動作包括訓練用鴨嘴杯練習坐姿進飲，以及用吸管吸取利樂包中的飲料及少量的從湯匙上抿取湯汁。舌頭後縮訓練則由職能治療師以治療手法訓練小惠吞嚥（於閉唇訓練時一併進行）。由於小惠習慣溫溫的食物，因此訓練吸吸管時，工作人員還須把飲料弄得溫溫的，增加小惠的接受度而願意練習吸取。
(2) 手部操作訓練：午餐時支持者把湯匙放入小惠手中（但湯匙太細，對小惠而言抓握困難，因此把握把加粗），以固定帶輔助小惠抓握，再帶著小惠舀取食物（打成液體的食物）、練習把湯匙送口。每日只練習五到十口，其餘食物以躺姿／用奶瓶進食完畢。
在階段一中，利用鴨嘴杯調整練習坐姿進飲。

階段二：動作應用期
(1) 口腔動作訓練及感官經驗擴充
①擴充味覺經驗：小惠排斥溫度較冷的食物，因此排斥喝果汁，許多水果的營養素無法攝取。在可以接受中心提供的午餐之後，恰巧天氣漸熱，工作人員也嘗試將水果打成果汁，放在奶瓶中讓小惠漸漸習慣飲用，進而攝取到水果的營養。
</td>
</tr>
</table>

②口腔動作：每日於午餐時拿取少許切碎的軟食，如：豆腐、炒蛋、湯品中煮軟的瓜類，讓小惠練習吃。練習之後，主要的飲食仍是營養師調配的液狀食物，但放在接了湯匙的奶瓶進食，增強坐姿進食的習慣，以及持續以口唇自湯匙上抿取食物的練習。此外，吸管的使用技能已經習得，但還不適應利樂包以外的其他吸管，尤其較長或較粗的吸管還不太會使用。

(2) 手部操作訓練：每日持拿湯匙舀取入口的口數增加，但尚未能持續吃完午餐（因爲耗時過久）。也持續訓練小惠連結「一口吃完之後把湯匙放在餐盤內」的所需概念與動作，而非隨意甩動或揮舞。

在階段二中，口腔動作訓練，將液狀食物擺放在接了湯匙的奶瓶內，以增強坐姿進食習慣。

湯匙式奶瓶

階段三：生活運用期

(1) 口腔動作及感官功能

①運動後較口渴時，練習從一般杯具中的吸管飲水（吸管採用一般便利商店會提供的吸管）。

②午餐改爲碎食0.3-0.5公分大小搭配稀飯，並依據每日廚房提供的水果性質處理（硬質水果打成果汁，如芭樂、柳丁；軟質水果切小塊之後以湯匙進食，如：木瓜、西瓜）。

(2) 手部操作：以固定帶把湯匙固定於小惠手中，支持者帶小惠舀取餐點後，小惠自己送口進食，並於下一口之前，自己把湯匙放在餐盤上，因此可維持餐桌及餐具清潔。

	階段三至今，小惠在吃完一口之後，可把手放在餐盤內，以保持餐桌及湯匙清潔。  萬用帶持握湯匙
成果	1. 可從任一吸管中飲用飲品或水，外出活動因脫離奶瓶而方便性大增。 2. 可坐在桌邊、以固定帶輔助握匙及協助舀取後，自己送口。 3. 可吃切碎的食材，包括水果、糕餅等等，因此小惠發現有很多美食，增加生活樂趣及飲食均衡性。 4. 由於自己進食，所以小惠可自己決定何時吃下一口，增加了自我決定的能力和權力。 5. 可和家人或親友到社區用餐，不再因需要躺下用奶瓶而放棄外出用餐的機會。 6. 對「用餐」有概念之後，擴充「用餐前參與備餐」以及「餐後參與收拾」的流程，學習理解及操作自理活動。

財團法人天主教仁愛社會福利基金會

電話：03-5784633

網址：www.charity.org.tw

地址：30072新竹市埔頂路6巷26號

郵局劃撥帳號：50037774

戶名：仁愛社會福利基金會

70. 全面免試 爲何偏鄉孩子就這麼倒楣？

全面免試不是新的口號，很早以前就有人提出這個觀念，而且也得到很多學者的贊同。這些學者最痛恨考試，他們認爲考試使得教育變得僵硬，學生因爲準備考試而失去了創造力，所以他們贊成全面免試。可是這種想法其實是絕對不可行的。

全面免試的執行辦法當然不是抽籤入學，而是就近入學。對於家住在建中、一女中等等學校附近的家長而言，這是天大的好消息。可是看看偏遠地區，有些地區根本沒有高中或高職，有的地方只有高職沒有高中，有的地方只有高中沒有高職。爲什麼這些偏遠地區的孩子就這麼倒楣？那些城裡的孩子因爲就近入學，常常可以進到他們想要進的學校，有些鄉下的小孩非常用功又很聰明，如果經過考試，他們是可以進入他們想進的學校的，現在卻進不成了。

全面免試還有一個重要的意義，那就是打倒明星學校。因爲現在考得非常好的學生可以進建中，將來只有住建中附近的學生可以進建中，建中的程度一定會降下來。這種打倒明星學校的想法極爲落伍，因爲我們國家現在最需要的就是尖端的人才，無論在服務業或是製造業都一樣。打倒明星學校，就等於不再需要極有能力的高中生。

我最近有機會接觸到來自印度的大學生，令我非常驚訝的是，他們在數學、物理方面的程度相當高，遠遠超過我們的大學生。我也接觸了很多來自大陸的學生，他們還不能算是最頂尖的大學生，但是他們的程度也是相當高。如果我們要打倒明星學校，這實在是自殺性的政策。

我並不完全反對就近入學，我認爲就近入學應是自願而非強迫的，比方說，有很多鄉下孩子很用功，但他們知道自己沒有能力和城裡的孩子競爭，家境也使他們一定要在附近入學。過去實施基測時，是有免試政策的，以博幼基金會的孩子爲例，百分之七十八的學生因爲在校成績不錯，都可以進入住家附近的社區高中或高職就讀。他們不必花很多時間準備那些考試，所以過去是有眞正免試的。

十二年國教實施後，基測廢止了，取而代之的是免試升學。有趣的是，所謂免試，其實是要考試的，而且考得比過去還要難。如果恢復基測，很多偏鄉孩子就不再需要和那些想進建中的學生一起準備非常難的考試，他們在學校好好用功，就能眞正免試地進入附近社區高中或高職。另外一批孩子想進明星學校，基測給他們機會表現。這種制度有什麼不對？

【本文出自2016/1/25聯合報】

71. 教育最好的特色是將孩子的基本學問教好

前幾年，有一位小學校長來找我，他的學校學生人數非常少，教育當局威脅要裁併這所學校，但是教育局又說如果學校有特色，就可以繼續生存下去。我問他打算使他的小學有什麼特色，他無可奈何地說，想要教小孩子踢毽子，以後大官來的時候可以表演。他也可以選另一個特色，教孩子們認識昆蟲。

我問他：「將孩子教好，算不算特色？」這位校長苦笑地說：「大官不認爲這是特色。」

我曾經遇過一所國中校長，他說他們學校裡有不少學生來自一種「實驗型」的小學，這些小學採取相當自由的教學，孩子如果不想唸這門課，他可以不唸，出去玩。據說這種自由教育可以使得孩子不至於成天死唸書，會思考，將來長大以後有創意。但是這些孩子在國中根本跟不上進度，考高中時一敗塗地，有些家長說沒關係的，可以將孩子送到美國去唸書。校長警告家長，這些孩子英文和數學都很差，難道美國的高中不需要英文和數學的程度嗎？好多家長事後非常後悔，他們發現孩子無論在哪一個國家，都不能不具備基礎能力的。

最近令我感到不安的是，教育部官員非常鼓勵學校在體育上發展特色。叫孩子多運動當然是好事，但是很多小學生因爲在體育上有天分而被校方抓去勤加練習，因此什麼課都可以不上，這是我最擔心的事。幾十年前，我國有一個名揚國際的少棒球隊，國家社會對他們讚譽有加，也給了他們相當大的榮譽，可是就沒有給他們很好的國英數教育。這些孩子長大成人，因爲沒有足夠的競爭力而情況非常不好，談起來非常令人傷心。清大電機系有一位吳誠文教授，他小時候也是少棒國手，卻沒有因爲體育而荒廢學業，他在學術界有很高的地位，得過教育部學術獎，目前是國家講座教授，也是清大的副校長。從他的例子可以看出，學校是可以重視體育的，但是一定要同時注意孩子的國文、英文和數學，使孩子們有基本功夫，將來長大成人才有競爭力，在社會上可以生存。

最近有一位教育部官員到偏鄉學校去向學生家長宣講辦學必須要有特色，沒有想到一位家長問那位官員：「你所說的那些特色對我的小孩有何好處？他將來能靠這種特色而有足夠的競爭力嗎？我絕不會准許我的孩子因爲參加了那些活動而荒廢學業。」那位官員聽了這番話，好像非常訝異，不知如何回答才好。

我們政府應該堅持一個原則：將孩子的基本學問教好是最好的特色。沒有將孩子的基本學問教好是最壞的教育。

博雅文庫 ● 李家同教授 ● 推薦好書

大量閱讀的重要性

2011行政院新聞局第33次中小學生
優良課外讀物推介・人文類推介書目
李家同 著
192頁/250元/2014年2月2版3刷

為什麼要大量閱讀？什麼才是真正的閱讀？大量閱讀可培養哪些能力？要選擇哪些讀物？
基礎得靠閱讀來奠定，大量閱讀，是基礎教育的起點。

大量閱讀，可訓練四點語文能力：

◆很快看懂文章，並抓到重點
◆正確且清楚地表達自己的想法
◆合乎邏輯，不自相矛盾
◆內容不落俗套，有獨到的見解

孩子從小的基礎教育是非常重要的，因爲這除了是奠定國家未來競爭力的基本核心，也是整個社會問題的產生根源之一。貧富差距的社會結構，讓孩子在缺乏指導、缺乏閱讀的情況下，與比較優異或有較多社會資源的其他孩子間，差距越來越大，更連帶影響到其他的功課，也越來越失去自信，邊緣化的結果，會讓孩子的處境越來越艱難，就產生了更多社會上的問題。閱讀就是基礎教育最原始的起點，沒有閱讀也無法提升其他能力，因此倡導大量閱讀的重要性。

博雅文庫 ● 李家同教授 ● 推薦好書

人類面臨的重大問題

國家文官學院102年度公務人員專書
閱讀推廣活動推薦延伸閱讀書目
李家同 著
256頁/280元/2015年8月2版1刷

道德是所有問題中，最核心最根源的問題。
面對全球一波波崩壞事件如人性貪婪、炫富心態、仇恨戰爭等，唯有回歸道德，才能解決！

作者擔憂當前社會的道德、正義、國際局勢、政治、教育、環境等各項問題，於是提出他的關切與呼籲。作者認爲，人類的確面臨了很多嚴重的問題，這個世界，不是我們想像的這麼美好，絕非如此，甚至問題重重：武器競賽、貧富懸殊、資源消耗、道德淪喪、仇恨殺戮。

我們不能再以爲，只要我們獨善其身，我們眼前的事都很美好和平就可以了。

事實上，一旦這些問題及身，再去設法處理，往往已來不及。

唯有去面對，才能找到解決之道。

博雅文庫 ● 李家同教授 ● 推薦好書

教改休兵，不要鬧了！

李家同 著

232頁/320元/2014年12月1版2刷

教育政策不宜經常變動

李家同教授對台灣教育改革的總檢討

教改到底從哪一年開始的，一般說起來應該是民國83年。

教改的另一大工程是廢除聯招。另一重大影響乃是將績優的專科學校升格爲技術學院，績優的技術學院升格爲科技大學，這個明顯地表示了政府對於專科學校是可有可無的。甚至教改還提出九年一貫、十二年國教、免試升學、就近入學、適性揚才等口號或變革。

綜觀諸多改革，作者對教改做了總結的評論，認爲教改最大的問題就是，沒有抓到目前教育上的問題所在。我們國家的教育的確有教育差距是很大的問題。所以作者認爲我們要改善我們的教育制度，首要工作是應該要減少目前城鄉上的教育差距。

但是教改從來不碰這一點，教改的全副精力都放在入學的方法上。所以，作者提出一個口號叫做「教改休兵，此期時矣，不要鬧了」。

您，按讚了沒？
趕緊加入我們的粉絲專頁喲！

教育人文 & 影視新聞傳播～五南書香　等你來挖寶

【五南圖書 教育 / 傳播網】粉絲專頁提供——

- 書籍出版資訊（包括**五南**教科書、知識用書，**書泉**生活用書等）
- 不定時小驚喜（如贈書活動或書籍折扣等）
- 粉絲可詢問 / 訂購書籍或出版寫作、留言分享心情或資訊交流

【五南圖書 教育 / 傳播網】臉書粉絲專頁

網址：http://www.facebook.com/wunan.t8

博雅文庫 156

為台灣教育加油：李家同觀點

作　　者　李家同（92.3）
發 行 人　楊榮川
總 編 輯　王翠華
選 書 人　陳念祖
主　　編　陳念祖
責任編輯　李敏華
封面設計　陳翰陞

出　　版　五南圖書出版股份有限公司
地　　址　106台北市和平東路二段339號4F
電　　話　（02）2705-5066
傳　　真　（02）2709-4875
劃撥帳號　01068953
戶　　名　五南圖書出版股份有限公司
網　　址　http://www.wunan.com.tw
電子郵件　wunan@wunan.com.tw
法律顧問　林勝安律師事務所　林勝安律師
出版日期　2016年 4 月初版一刷
定　　價　新台幣280元

有著作權翻印必究（缺頁或破損請寄回更換）

國家圖書館出版品預行編目資料

為台灣教育加油：李家同觀點／李家同著.
-- 初版. -- 臺北市：五南, 2016.04
面；公分

ISBN 978-957-11-8526-2 (平裝)

1.台灣教育 2.文集

520.933　　105002398